「タンスの中まで知る」伝説のONE TO ONEマーケティング

日本橋三越における帳場制度とお得意様営業

鈴木 一正

東京図書出版

「タンスの中まで知る」伝説のONE TO ONEマーケティング

〜日本橋三越における帳場制度とお得意様営業〜

◇目次

第4章 資料編 …… 165

あるメンバーの『営業日報』より

2015（平成27）年4月、電話アプローチのためのチームが設置されました。集められたのは営業の仕事は初めてのメンバーばかり。その目的は、売上が伸び悩む「帳場前主《ちょうばぜんしゅ》」と呼ばれる上得意客に積極的に働き掛け、活性化を図ることです。お会いしたことはもちろん、お話をしたこともない、さらに最近はほとんど三越側からはアプローチしていない前主（三越の社内符牒で「お客様」）です。「電話したら怒られてしまうのでは……」といった不安も感じつつ、アプローチは始まりました。その担い手であったメンバーの『営業日報』は貴重な資料であり、取り組みの進捗を表すものです。あるメンバーの『営業日報』から一部取り上げます。

5月1日：今日から電話アプローチ開始。特別ご招待会（以下、特招会）のご案内を兼ねて「旅行クーポン」のご案内を実施。永らく三越からの連絡がなかった前主が多い模様。「日本橋三越の……」と言った途端に切られること数回。心が折れそうです。こんなの意味があるのでしょうか？

5月2日：今日も、いきなり切られること3回。「旅行クーポン」のアプローチを実施。「そういうものに興味がない」とのこと（涙）。

5月10日：「最近は食料品しか買わないけど、三越を愛している客もいるのよ。呉服とか美術だけが三越じゃないでしょ」と言われた。怒っているのだろうか？

5月13日：本日より特別ご招待会。しかし、当然ですが、担当者の挨拶状もできていないので、前主とのご挨拶もできない。前主から呼ばれることもない。ひたすら受付の仕事。

5月20日：「旅行クーポン」のアプローチを再開。「旅行クーポンには興味がない。バス旅行を案内してよ！」とのこと。バス旅行の案内を郵送した。

5月23日：「旅行クーポン」のアプローチ。「興味があるが、DMは捨ててしまった。もう一度送って欲しい」とのこと。

6月1日：今まで2回の電話アプローチで電話が通じなかった方、直接お話ができなかった方に電話してみたが、今回も電話が通じない方が多かった。

6月2日：今まで2回の電話アプローチで電話が通じなかった方、直接お話ができなかった方に電話してみたが、今回も電話が通じない方が多かった。今のアプローチの中では「この電話は使われておりません」というのが3件もあった。

6月5日：電話をかけるとお勤め先につながることが何度かあった。今日は話をきちんと聞いて下さる方が少なかった。但し、お中元のアプローチの反応はとても良かった。

6月7日：電話アプローチの際、名乗ると「担当者挨拶の葉書を頂戴していた……」との反応があり、特招会でご挨拶できた前主も何人かいらっしゃいました。

6月8日：今日のアプローチでは、説明を聞き流す方が多かった印象ですが、その中でも何人かは担当者挨拶の葉書を覚えて下さっており、「人それぞれだなぁ」と思いました。

6月11日：特招会。受付から呼んでくれたので、担当の前主とご挨拶することができました。サンクスレターも初めて書くことができました。

6月12日：特別ご招待会。今日も前主1人とご挨拶できました。

6月29日：今までの電話アプローチで通じていなかった方を中心に電話を掛けていますが、3回目にして初めて通じた方が何名かいらっしゃって、直接お話をすることができて嬉しく思いました。「特招会って何ですか？」と聞かれ、お土産があることを伝え、「挨拶をさせて頂きたいので受付で呼んで欲しい」旨、伝えたので、ご来店頂けると良いなと思っています。

7月2日：今日は特別ご招待会の電話アプローチでつながった方と留守番電話だった方に電話したので、つながる方が多かった。

7月5日：今日の電話アプローチでは「わざわざありがとう」と言って下さる方が多かった。また、「電話なんて今まで年に1回ほどしかなかった」とおっしゃる方もいらっしゃいました。

7月22日：はちみつ（7月のキャンペーン商材）のアプローチを実施。あまりご来店頂いてない方に何名か電話した。はちみつの案内は難しかったが、「休業日の案内」と話すと聞いてくれた。

7月30日：今日のアプローチは、優しく話を聞いて下さる方が多かったので、「暑い日が続きますので、ご自愛下さい」という最後の挨拶をスムースに言うことができた。また、それについても反応が良く、ご案内しているこちらも気持ち良くなれた。

8月2日：特招会の案内をしましたが、「暑い時期なのでちょっと……」とおっしゃる方が2名。「暑いですね」という話をいろいろな方としました。ご案内以外にお話しする余裕が出てきました。

8月3日：「いつもお電話ありがとう」と言ってくださる等、少しずつ名前を覚えて頂けているようです。いつも、特招会のご案内の電話をしても留守番電話になっていた方もようやくつながりました。こちらが名乗るとすぐに特招会の案内だと分かったようで、ずっと留守番電話を残し続けた甲斐があると感じた。

8月4日：特招会のアプローチの中で「暑いので気をつけてね」と前主の方から言って下さるケースが何件かありました。

8月5日：今日も、今まで通じなかった方とお話ができるケースが何件かありました。名前を覚えて頂いているケースも多くなりました。

8月10日：特招会アプローチにて8月の店舗休業日のご案内をしたところ、「店舗休業日を知らず、店舗に行ったら閉まっていることもありました。今までこういったお電話無かったですよね」とのこと。

8月13日：特招会当日。来店前主が5人同じ時間に重なり、2人としかご挨拶できませんでした。残念。

8月14日：今日、特招会でご挨拶させて頂いた方は総て電話アプローチの際に留守番電話だったり、家族の方が出られたりという方だったので、直接お話をするのは今日が初めてでした。私の存在をご存じの方もいればご存じでない方もいらっしゃったので、ご挨拶できて良かったです。

8月15日：帝国ホテルで開催のデラックスファッションバザール（店外催事）の帰りに立ち寄った方が多かった。大きな荷物をお持ちの方が多く、そこから話を膨らませることができて良かったです。

8月16日：特招会受付。お電話で話した際に「特招会は行けないけど、いつかお会いしたい」とおっしゃっていた前主がご来店になりました。葉書は持ってなかったけど、私の名前を覚えていらっしゃいました。「いつもお電話を頂戴するので寄ってみたの」と言って頂くことができ、電話をこまめにした甲斐がありました。

9月18日：特招会。16時時点で17名の方とご挨拶。名前を見ると以前ご挨拶したことがある方が1名。気が付かず再び名刺を渡してしまった方が2名。前主の顔を覚えることはとても難しいです。

9月20日：特招会。受付にて、自分が担当している前主からお弁当３５０個の注文を承る。いつも留守番電話でしかも30秒しかコメントを入れられない方。きちんと名前を覚えていて下さった。嬉しい！

9月29日：おせちのアプローチを実施。お正月の過ごし方を教えて下さる方もいて、その前主について知る良いキッカケとなった。

はじめに

―素人による最強のＯＮＥ ＴＯ ＯＮＥマーケティングチーム―

２００８（平成20）年４月、三越と伊勢丹は経営統合しました。商品政策に強みを持つ伊勢丹と顧客政策で強みを持つ三越の統合は補完性があり、きっと成功するはず。そう思っていましたし、今でも相乗効果を発揮できるはずだ、と思います。しかし、アパレルの市場規模は１９９０年代の約15兆円から直近２０１７年には約10兆円へと大きく減少し、伊勢丹の勝ちパターンも通用しなくなり、企業グループとしての顧客政策に対する議論は深まらず、思い描いたような効果は実感できない状況にあります。

三越の最上位顧客を帳場前主と呼びます。帳場前主には扱者《あつかいしゃ》が付き、その関係は「**タンスの中まで知っている**」という伝説があるくらい、大変深いものです。しかし、こうした関係も「岡田事件」「拡百貨店戦略」「ゴルフ場開発」といった経営の失策によってその根底が揺らいでいました。この再構築をおこなったのがお得意様営業です。お得意様営業は、個人裁量に依存し過ぎる従来の百貨店個人営業の働き方を革新し、「ゴルフ場開発問題」等で傷ついた三越を業績向上によって支えたのです。

その成果は、他の百貨店にも大きな影響を与えました。

私は２０１０（平成22）年7月に日本橋三越のお得意様営業部に配属されました。それ以前は労働組合の専従として、その働き方を支える人事・賃金制度の設計と運用を考える立場でした。そして、２０１８（平成30）年3月末まで在席。この間の仕事は、営業チームのマネジャーと部門全体の企画部門のリーダーでした。

最初のミッションは「営業未経験メンバーをまとめて低稼働のお客様の活性化を図ること」。対象となる顧客を既存メンバーにお願いして譲り受け、日々の働き方を整理して不慣れなメンバーに営業をさせる……。「海の物とも山の物とも分からない素人集団に大切なお客様を渡して、何ができるのか？」と既存のメンバーから表に裏に言われてきました。最初に集まった口座は約３００件。10人のチームで担当するので一人30件です。その当時、一人当たり４００件程度を担当していたわけですから、全く信用されていなかったということになります。（その後、一人当たり１００件規模にはなったわけですが……）。

次のミッションは「新規に配属されたメンバーを短期間で一定のパフォーマンスを発揮する営業に育成すること」でした。最初のミッションとは違い、転出や退職したメンバー担当の前主を引き継ぐ転入者だけのチームです。「お得意様営業部っていったいふだん何をしているの？」と思われるくらい、日々の活動に対する理解は少ない、自分から「この部門へ行きたい！」と手を挙げて来る人はほとんどいなかった部門です。メンバーの出自も多種多様。もともとモチベーションも様々であり、おだてて脅して基本的な営業活動を実践させるのは一苦労でした。

三番目のミッションは、「非正規社員だけのチームで低稼働の顧客を活性化させること」でした。労働条件の違いから、正社員との違いを考慮せざるを得ず、個人ごとの売上目標を立てることができません。結果として、これが良かったのですが、具体的な活動の意義を丁寧に説明し、頑張っている人はみんなの前で褒めて、頑張れない人は個別に呼び出して……部門内で一番業績を伸ばしたチームになった時には本当に嬉しかったことを思い出します。

こうして、私はお得意様営業の基本的な働き方を基礎から徹底するという活動を続けてきました。8年弱の経験の中で、マニュアルを作り、日々実践し、内容を修正し、また実践する……この繰り返し。こうした活動は極めて有効であり、他の百貨店はもちろん、百貨店業界以外でも参考になるのではないかと思い、この本にとりまとめることにしました。

この本は4部構成になります。まず、第1章は「お得意様営業の働き方」。日本橋三越のお得意様営業はその独自の働き方からお客様の強い支持を得て、業績を大きく伸ばし、他の百貨店にも大きな影響を与えてきました。しかし、伊勢丹との統合以降、その働き方も修正せざるを得なくなります。だからこそ、本来の考え方と具体的な実践の枠組みをしっかりと残しておこうと思います。第2章は「顧客戦略の目指すべき方向性」。第1章を踏まえて、顧客戦略のあるべき取り組みを試案としてまとめます。そして第3章「帳場制度の歴史」です。三越にとって重要なはずの顧客制度なのですが、あまりに〝空気〟のようになっており、記述されたものがほとんど無いというのが実態です。断片的な情報をまとめて、歴史を紐解いていきたいと思います。最後の第4章は「資料編」です。恐らくこの時点でとりまとめておかなければ散逸してしまう、歴史的な資料としても重要なものです。

この本に記載した内容は、まだまだ足りないところが数多くあると思います。ぜひ、読者の皆さんからの声を踏まえて、機会があれば加筆・修正していきたいと思います。

鈴木一正

第1章　お得意様営業の働き方

1　お得意様営業とは何か?

①「顧客との関係性」の重要性

２０１６（平成28）年７月、当時の店長は朝礼で次のように話しました。

「品揃えはどの店も８割９割は同じ。お客様がどの店でモノを買うかは〝接客〟に掛かっている」

もちろん、〝接客〟とは「販売技術」や「商品知識」、「接遇ノウハウ」等を主として想定していたはずです。しかし、それに加えて大切なのが、「顧客との関係性」なのではないか、と思います。

よく言われることですが、販売チャネルが多様化する中で、店舗で扱っている商品はそこでしか入手できないものはほとんどありません。どこでも買えるものをこの店舗で買う……この理由を意図して設けなければならない。先に掲げた「販売技術」「商品知識」「接遇ノウハウ」

等はもちろん重要であり、そのための習得の枠組みを用意することももちろん大切ですが、既に同業各店でも取り組まれているものです。

一方の「顧客との関係性」の構築は重要性を認識されつつも、実は系統立てて実践している百貨店はそれほど多くない。もしかしたら無いかもしれません。

「顧客との関係性」を体系化して実践する枠組みを「顧客戦略」と呼びたいと思います。この「顧客戦略」を描き、実践することができれば、数多い販売チャネルの中からこの店舗を選ぶ〝決め手〟になり得るはずです。

②「優良顧客」とは何か？

「店舗や売場にとって獲得、育成すべき顧客を『優良顧客』と定義した時、あなたにとっての『優良顧客』とはどんな人ですか？」

あるミーティングでヒアリングしたことがあります。ある人は「売場の買上上位のお客様」、またある人は「頻繁にお買い物に来て頂いてクレームのないお客様」、さらに「顔の見えているお客様」等、様々な顧客像が挙げられました。顧客づくりの大切さを指摘する議論は数多くありますが、そもそも「優良顧客」の定義が確立・共有されていない。それぞれのショップがそれぞれの考えに基づいて、お客様づくりをおこなっている。場合によっては、ショップの店長さんが替わるとやり方も変わってしまう。ブランドショップ等では店長が顔馴染みになった上位のお客様の名簿を異動先の店舗へ持っていってしまう……なんてことは日常茶飯事なのです。しかし、これは百貨店側に「優良顧客」を育成する……という考え方がないから。「百貨店には顧客戦略がない！」残念ながら、そう感じます。

③「帳場制度」とは何か？

三越の顧客戦略を考える上で最も重要な顧客制度が「帳場制度」です。「帳場制度」の目的は、対象となるお客様に扱者を付け、顧客との関係性深化を通して、生涯に亘るお買い物、そしてお子様からお孫様まで三代のお買い物を三越で承ること、「生涯顧客価値の最大化」にあります。

その対象ですが、一般的な個人営業顧客とは違います。他百貨店では、いわゆる「外商扱い」になるために「1年間のお買い上げが100万円以上」といった基準を掲げていたり、逆に特定地域（都心に立地する高級マンション）の住民に外商カードの申込書を無作為に配付したり……、もちろん審査はあるのですが、応募した方が入会する仕組みの百貨店が多いようです。

しかし、帳場会員は非公開非公募であり、「一般公募」という考え方はありません。三越が大好きで、扱者との信頼関係も築くことができ、生涯に亘ってご愛顧頂けるお客様等、帳場会員に相応しいお客様がいらっしゃったら、お客様に関わる情報を収集した上で社内審査に掛け、認可が下りた後に「帳場制度」の概要をご説明させて頂き、お客様から同意頂いて初めて「お帳場カード」は発行されます。次に大切なことは、現在お買い上げがなくとも将来的に三越で多くのお買い物をして頂ける可能性を持ったお客様を積極的に会員にする仕組みである、ということです。その識別方法の一つとして社会的地位や既に帳場前主となっているご両親からの分離独立やご紹介等があります。

顕在化した買上実績のないお客様を帳場会員にする理由は、「帳場制度」の目的が生涯顧客づくり（＝生涯に亘った購買高の最大化）にあるからです。つまり、「顧客育成」という考え方を持ち、実際に扱者の行動として仕組み化している極めてユニークな制度であると言えます。

④「お得意様」とは何か？

「帳場前主」と「お得意様」はどこが違うのか？　「帳場前主」＝「お得意様」ではありません。「帳場前主」は、端的に言えば「帳場カード」を持っている顧客ですが、初めは扱者との関係性は希薄です。お買上高も大きくないでしょう。その後扱者が活動を積み重ね、関係性が深まり、生活の様々なシーンで三越をご利用頂くようになった結果として「お得意様」になる。つまり、育成の目標が「お得意様」と位置づけられています。

なお、概念の違いを明確にするため、第2章では育成目標を「優良顧客」と呼んで、説明をしていきます。

⑤「お得意様営業」とは何か？

帳場前主を対象に組織対応する部門として1998（平成10）年に設置されたのがお得意様営業部です。それ以前は、帳場前主の扱者は主として各売場の販売員でした。売場の仕事を持ちながら、お客様に対応していました。1970年代頃までは、お客様がご来店になれば店内をご案内し、お買い物頂いた商品をとりまとめご自宅へ発送の手続きをとり、お届け物があるときにはご自宅まで持参する……。最上位顧客に相応しいおもてなしができたようです。

しかし、1980年代後半以降、業績の低迷に伴い店頭社員数が減少する中で、売上高向上を目指して急激な会員数の拡大施策が打たれました。一方、休業日の縮小や営業時間の拡大等もあり、売場の仕事をしながら対応することができなくなり、「扱者の顔を見たこともない」という帳場前主が増えてしまったのです。

そのため、お得意様営業の最初の役割は、顔が見えなくなってしまった帳場前主一人ずつと接点を持ち続け、組織として関係性を復活させることでした。効率的に接点を持つため、エリア制を敷き、まずは平等なおもてなしの提供を目指しました。関係性構築の活動を着実に実践するため、扱者と帳場前主との関係づくりをリードするマネジャーと営業活動をサポートするアシスタントを任命するとともに、催事企画や口座管理等の部門スタッフも充実させてきたのです。

こうして、扱者の仕事の目的と役割が明確になりました。

⑥お得意様営業のミッション

１９９８（平成10）年以来、お得意様営業のミッションは、「担当する帳場前主との信頼関係を構築し、生涯に亘って生活の様々な場面でお役に立つこと」にあります。

ポテンシャルがあるとは言え、「一見のお客様」に「お得意様」になって頂くのは力仕事です。一般のお客様でも「富裕層」でも同じですが、「売り込み」に対する抵抗感は非常に強い。「宅訪」や「電話アプローチ」をしても、最初は居留守を使われたり、出て頂けたとしても「早く帰って欲しい」、「早く電話を切って欲しい」という素振りで話を聞き流したり、最初の頃はそんなものです。ここから、ご来店頂いた時には必ずお声掛けを頂ける、宅訪した時には家に上げて頂き、お茶まで出してくれる、という関係になる……簡単には模倣できないからこそ競争優位になる。これが三越のお得意様営業ノウハウなのです（といっても難しいことではないのですが……）。

⑦「セールス」ではなく「扱者」

お得意様営業の担当者のことを「扱者」と呼びます。他の百貨店（伊勢丹もですが……）では「セールス」という言い方をすることもあるようですが、「セールス」という言葉は使いません。なぜならば、「売り込む人」ではないからです。お得意様営業としての働き方の基本は「関係性深化」と「お役立ち」。つまり、お客様との関係を深めていくことを通して、お客様の顕在化したニーズだけでなく、潜在的なニーズも含めて把握することで、適切なタイミングで的確なご提案をおこない、結果としてのお買い上げにつなげることを目指しています。だから、「セールス」ではなく、「扱者」なのです。三越伊勢丹内部でも「どちらでも良いじゃない……」という言われ方をされることも多かったのですが、これは思想的な問題なので、絶対に譲るべきではありません。お得意様営業に「セールス」はいません。いるのは「扱者」です。

⑧人材の育成

お得意様営業へ配属された社員の多くは営業に携わったことのない、店頭販売員や後方部門スタッフ等です。中には、それぞれの部門では持っている能力が認められず、活躍の場が与えられなかった者も少なくありません。お得意様営業では、「関係性深化」の行動基準に基づく活動が徹底して求められます。加えて、お客様に近づくために様々な工夫や努力が必要です。また、「お役立ち」のためには、店舗で扱っている商品について勉強しなければなりません。お得意様営業では毎日のように商品勉強会や下見会等が開催されていますが、さらに突っ込んで理解するために直接売場へ行って詳細を確認する活動を奨励しています。

帳場前主はポテンシャルがあるが故に、髙島屋や大丸松坂屋、そごう・西武、東武、小田急、京王等、同業他店の個人営業（外商）部門にも扱者がいることが少なくありません。そんな中で信頼関係を構築し、「欲しいものがある時には、まず第一に三越の○○さんに相談しよう！」と思ってもらうためには、相当な努力が必要なことも事実です。特に高額品の場合にはそれほど簡単にお買い求め頂けることはないのです。様々なノウハウを駆使して、売場の担当者も巻き込んで成約を目指します。そんな活動を愚直に繰り返してきたのが、今の優秀な扱者の皆さんです。その活動を評価し、処遇する仕組みを整備することで、お得意様営業は人材育成の場としても機能しています。

2　お得意様営業の働き方の概要

お得意様営業では、原則として無理な「売り込み」はしません。潜在的なものも含めて、お客様のご要望に沿った提案を的確なタイミングで行うことで、自ずとお買い上げ頂けることを目指します。「そんな綺麗事で済むはずがない！」と言われそうですが、何も買わないお客様はいらっしゃらない。つまり、日々どこかでご購入されている。それが近くのコンビニかもしれないし、スーパーかもしれない。またはネット通販、ご年配のお客様の場合には電話での通販も多い。お得意様営業が目指すのは「ウォレットシェアの最大化」、つまりお財布の支払い先の独占（現実に〝独占〟は無理なのですが……）なのです。そのためにこそ、まずお客様との間に信頼関係を構築する必要がある。お会いする度に「これ買って下さい！」と繰り返していたら、絶対に関係は深まりません。だからこそ、売り込まない「関係性深化」のための活動が重要なのです。あらゆる接点活動によってお客様を知ることがすべてのプラットフォームになるわけです。

しかし、日々の営業活動の中で、売上に直接結びつかない活動は後回しになりがち。だから、お得意様営業では１ヶ月、１週間、１日の活動を定期定例化します。この活動を着実に実践するため、後述する特別ご招待会（通称：特招会）や店内外催事があります。

①1ヶ月の働き方

まずは1ヶ月の働き方です。基本は第3週の特別ご招待会です。お得意様営業の活動はここが起点です。特招会のご案内を中心に、第1週目は宅訪、第2週目は電話アプローチを実施します。第3週の特招会会期中は、ご招待したお客様をお迎えするために全員出勤体制を敷き、ご来店頂いたお客様にご挨拶、ご要望に応じて丁寧にアテンド（アテンドの内容は、お客様の関心も踏まえて扱者が自由に設計することができます）。特招会終了後3日間程度掛けて、会期中に得られた情報を顧客データベース等に記録し、次の商売につなげられるよう準備します。併せて、ご来店頂いたお客様に対してサンクスコールをおこなったり、サンクスレターを書いたりします。最終週の土日は、アテンドデー。※お客様が集中してしまう特招会を避けて、上位のお客様を丁寧にご案内します。アテンドデーが終了すれば、次の特招会に向けて、再び宅訪、電話アプローチ……と続いていくことになるのです。

※アテンドデー：特招会は多数のお客様がご来場になるイベントであり、丁寧なご案内ができないため、月末の土日をアテンドデーとして、ご来店頂いてからお帰りになるまでフルアテンドの日を設定している。

ここで強調しておきたいことは、お得意様営業の働き方はその日ごとにやるべき仕事が決まっているということなのです。このことは、後述するマネジメントのあり方を考える上でも

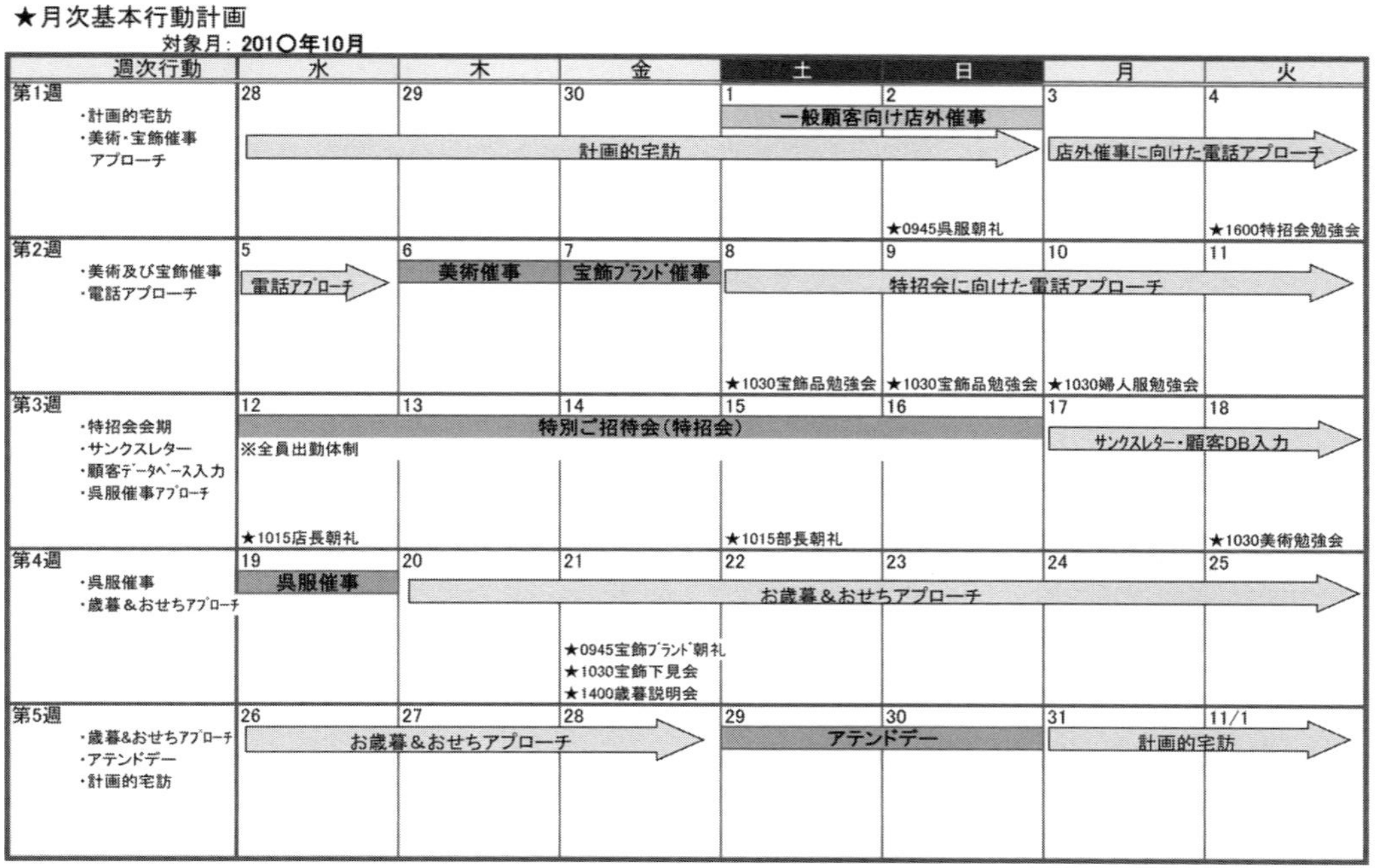
★月次基本行動計画
対象月：201○年10月
週次行動
水
木
金
土
日
月
火
第1週
・計画的宅訪
・美術・宝飾催事アプローチ
28
29
30
1
2
3
4
一般顧客向け店外催事
計画的宅訪
店外催事に向けた電話アプローチ
★0945呉服朝礼
★1600特招会勉強会
第2週
・美術及び宝飾催事
・電話アプローチ
5
6
7
8
9
10
11
電話アプローチ
美術催事
宝飾ブランド催事
特招会に向けた電話アプローチ
★1030宝飾品勉強会
★1030宝飾品勉強会
★1030婦人服勉強会
第3週
・特招会会期
・サンクスレター
・顧客データベース入力
・呉服催事アプローチ
12
13
14
15
16
17
18
特別ご招待会（特招会）
※全員出勤体制
サンクスレター・顧客DB入力
★1015店長朝礼
★1015部長朝礼
★1030美術勉強会
第4週
・呉服催事
・歳暮＆おせちアプローチ
19
20
21
22
23
24
25
呉服催事
お歳暮＆おせちアプローチ
★0945宝飾ブランド朝礼
★1030宝飾下見会
★1400歳暮説明会
第5週
・歳暮&おせちアプローチ
・アテンドデー
・計画的宅訪
26
27
28
29
30
31
11/1
お歳暮＆おせちアプローチ
アテンドデー
計画的宅訪

図１　月単位働き方

重要な要素になります（図1）。

②1週間の働き方

1週間のスタートは催事の立ち上がりである水曜日。媒体を手にして、催事場でどんなイベントが開催されているのか、物産展があれば「何か美味しそうなものはないか？」、美術展があれば「どんな先生の作品が展示されているのか？」等、担当するお客様の趣味・嗜好等も頭に浮かべながら、店内を巡回します。また、各階の催事スペースも水曜日に入れ替えている場合も多いので見て回ります。もちろん、常設の売場も商品の入れ替えを行っている場合もあるので、併せて確認します。ついでに、各売場で制作している媒体が置いてあれば、参考までにもらってきます。こうした情報収集が、顧客接点での会話に役立つのです。

そして、土曜日、日曜日、祝日は比較的お客様のご来店の多い日であり、なるべく出勤をするように心掛けます。

③1日の働き方

10時開店の場合、朝礼は9時45分から実施されます。朝礼では、業務連絡とともに今日1日の基本的な行動（宅訪・電話アプローチ等）が再確認のために指示され、それに沿った活動ができないメンバーはその理由を言わなければなりません。10時には基本活動を始めます。実施しないメンバーはその理由をマネジャーが確認し、指導します。宅訪や電話アプローチの準備は前日までに整えておく必要があります。

10時にスタートした宅訪、電話アプローチですが、12〜13時はお客様も昼食の時間であり、接点活動を避けます。この時間には担当者も一緒に休憩を取ることになります。ということは、宅訪は10時直後に出ないと午前中が移動時間だけになってしまい、効率よく活動ができないことになるので、何としても10時からスタートすることが求められます。

終了時刻は17時。17時以降は夕食の準備時間でもあり、電話アプローチはおこないません。宅訪に行ったメンバーも原則として17時を目途に帰社します。1日の活動をしっかりと記録・報告し、明日の準備をするため、直帰は原則として認められません。徹底して行動を管理するという考え方から、定時出勤定時退出です。

なお、こうした活動の前提に半年間の催事計画があり、宝飾品（含むラグジュアリーブランド）、時計、美術、呉服等のイベントは、数ヶ月先を見通して関心のありそうなお客様を事前に抽出し、ニーズを探っておく……ということもおこないます。

3　お得意様営業の具体的な活動

それでは、扱者の具体的活動をまとめます。まず働き方の基本である「関係性深化」と「お役立ち」について確認しましょう。

①「関係性深化」と「お役立ち」

「関係性深化」とは、お客様のことを知り、扱者のことを知って頂き、信頼関係を深めることを言います。

顔が見えない状態から、ご挨拶→定期的な情報発信（宅訪・電話）→ご来店時のアテンド→お客様のニーズを踏まえた提案（＝お役立ち）→サンクスコール・サンクスレター→アフターフォロー（購買後のトラブルへの対応／不具合、修理、問い合わせ）→定期的な情報発信……といった活動を繰り返すことで、扱者はお客様のライフスタイルや関心事、ご家族のこと、お仕事のことを知ることができます。お客様は、扱者の人となりを知る。お互いに理解を深めることで、結果として信頼関係を醸成し、お買い物ならば、「まずは扱者に相談しよう」という関係を目指します。

「お役立ち」とは、「関係性深化」活動を通して得られたお客様のニーズ（顕在的だけでなく潜在的なものも含め）を踏まえて、適切なタイミングで、希望に沿った情報発信や提案をすることです。こうした提案は、お客様のご要望を踏まえたものであり「売り込み」にはなりません。

こうした「関係性深化」や「お役立ち」の活動を1ヶ月のワークスケジュールの中に落とし込み、週ごとの働き方を明確にすることで、実践の精度を高く維持することを目指します（一斉実施によって、週のテーマとなる活動を実施しない場合、その理由を扱者は説明する責任が生じることになります）。

②特別ご招待会（特招会）及び催事

特招会は活動の起点であり、この開催があるからこそ、電話アプローチや宅訪、終了後のサンクスコール、サンクスレターが日々の営業活動に埋没されずに着実に実践されることになります。こうした活動の積み重ねで、各売場も特招会にイベントを集めたり、お得意様対象の商品を集めたり、と売場との連携が深まり、お客様に楽しんで頂ける環境が整えられていったのです。

特招会期間中は、お客様をご招待しているため、原則として全員出勤体制が敷かれます。会期中は本館6階お得意様サロン前に受付を設け、扱者はご来店頂いたお客様にご挨拶します。

扱者は原則として受付周辺に待機し、受付から呼ばれた場合には速やかに受付に向かうことが行動基準となっています。お客様も長くは待てません。待ち合わせをしている場合は別ですが、そうでなければ3分以上は待てない。もし、他のお客様のご案内中の場合等、お時間を頂戴する時には、これから向かう売場をお伺いして、担当者の手が空き次第、当該売場へ赴き、ご挨拶することも徹底しています。それでも、お会いできないこともあります。その場合には、当該売場において、お客様がどんなことをおっしゃっていたのか？　何をお買い求め頂いたのか？　等を売場担当者からヒアリングし、お客様がご自宅にお戻りになった頃を見計らって、サンクスコールを実施しています。

16～17時頃になると、お客様のご来場も落ち着きますので、扱者は事務所へ戻り、その日にお会いしたお客様の情報をデータベースに記録するとともに、ご来場頂いたけれどお会いできなかったお客様に対してはサンクスコールをしたり、サンクスレターを書いたりします。

次に店外催事です。「通常店頭ではできない品揃え」「ブランド等の世界観を表現する環境」「特別なおもてなし」等、店外催事は扱者にとって「お役立ち」の大きな武器となります。単独で宝飾品ブランドを扱うことが多いのですが、宝飾品や時計の総合催事、美術（絵画・工芸）や呉服（着物・帯等）や毛皮といった特定カテゴリーの催事もあります。また、帳場前主を中心とした上得意顧客対象の総合催事も別途開催されます。こうした催事は半期1回。半期スケジュールも頭に思い浮かべ、扱者は基本活動を着実に実践していきます。その過程で、店外催事にご招待すべきお客様を1ヶ月前までにはリストアップし、ＤＭの入荷を前後して、情報をお伝えし、ご来場を促していくことになります。

来場の可能性があるお客様のため、その嗜好を踏まえて当該売場担当者との打ち合わせを重ね、喜んで頂けそうなお品物の準備を進め適宜お客様へお伝えし、ご来場の気持ちを高めていくよう努めなければなりません。部門長は、会期1週間前から、来場確約進捗確認会議を毎日開催し、個々の扱者のアプローチ状況を追っていきます。お客様から「来場確約」を頂いた場合には、お約束の時間の30分前には現地にて待機。売場担当者との打ち合わせもしっかりとおこないます。大きなイベントでは、複数のお客様が同じ時間帯に重複してしまうこともしばしば。その際には、マネジャーや他の扱者が当該扱者復帰まで、代行でサポートします。

扱者は、売場案内に際してお客様のご意向をしっかりと汲み取ることに努めます。売場担当者はその役割から「売り込み」になりがち。お客様の立場に立って、お客様の肩を押すのか、勇気をもって「今日は決めないで、よく考えた方が良いですよ」と言うのか、顧客視点に立つこと、すなわち「まごころ」の精神で適切なアドバイスを心掛けます。

お買い上げ頂いても、その時には決まらなくとも、ご来場頂いたことへのサンクスレターは必ず送ります。お買い上げ頂いた場合には、買った直後から「この買い物は正しかったのか？」という気持ちになりがちです。お買い上げ翌日にはサンクスコールにて、「良いお買い物をされましたね」と伝えます。また、当日には決まらなかった場合、引き続きのお約束がある場合には、しっかりと守ること。そして、いずれにしても、売場案内している中で、受け止めた様々な声や反応等は、しっかりとデータベースに残しておくことです。これが次の商売につながるからです。

③宅訪

一言で「宅訪」と言っても、取引先の営業担当者と一緒に商品を持って行き「買って下さい！」と売り込むものから、店頭で購入したものをお届けするためのもの等、様々ありますが、お得意様営業の言う「宅訪」とは帳場前主とのコミュニケーションの機会です。店舗でのイベント情報等の発信はしますが、売り込みはしません。

時々、店内のブランドショップの店長さんから「外販をやってくれませんか？」というご提案もあります。その際には次のように答えていました。

「大半のお客様は、百貨店には好きな時に来てたくさんの商品の中から選んでゆったりとお買い物をしたい……と思っているのです。私たちの役割も、こうした『楽しいお買い物』をサポートすることにあります。お客様からのご要望があれば商品を持っていくこともありますが、ご希望がないのに伺うことは致しません」

実際、「お客様に購入の意思がなかったのに、一時の業績確保のために、お付き合いで無理にお願いして購入してもらったら、次の商売がしづらくなってしまった……」ということもあるようです。

ここで掲げる「宅訪」の目的とは……、

(A)　ご挨拶：これがまず第一。お客様を知るにはまずはご挨拶から。

(B)　お客様を知ること：店頭では一面しか分かりません。ご自宅に伺えば、自動車はどんな車種に乗っているのか？　何台あるのか？　庭にゴルフ等趣味の道具が置いてあったり、ガーデニングにこだわっている様子があったり、ペットを飼っていたり、三輪車があったり、玄関まで入れてもらえれば、絵画や工芸品が飾ってあったり……とライフスタイルが窺えます。また、定期的に伺うことで、この間の変化が分かります。改装していたり、自動車が変わっていたり……等々です。「帳場の扱者は、前主のタンスの中まで知っている」という伝説もありますが、これは三越でのお買い物以外も含め、お客様のライフスタイル全般を把握している……ということの表現なのです。

逆に、宅訪しないリスクも認識しておかなければなりません。こうした情報が得られないので、商売に活かせないことはもちろん、「今の扱者になってから挨拶がない」「昔の扱者はよく自宅まで来ていたのに、今の扱者は一度も来ない……」といった不信感にもつながってしまう可能性があります。

特に、扱者が交替した時は、新たな関係性構築（今までうまく関係が作れなかった場合にはこれを機に関係が深められる可能性もある）のチャンスである一方、今までの良い関係が切れてしまうリスクもあります。

④電話アプローチ

最近は「振り込め詐欺」等もあり、登録していない電話番号からの電話には出なかったり、発信者が身元を名乗ってからでないと電話に出なかったり……と受話器を上げる率は低下傾向にあります。とは言え、「関係性深化」の重要な手段です。地方担当にとっては、実質的には唯一の直接会話ができる手段であり、この巧拙が「関係性深化」や「お役立ち」の成否を大きく左右します。

一般的に電話に対するお客様の抵抗感は非常に強い。会ったことも話をしたこともない（場合によっては……データベースに何の記録もない）お客様に電話することは、扱者にとっても苦痛なことです。しかし、電話しないことには「関係性深化」の入口にも立てない。

関係性が深まっていないお客様に電話をしていると、居留守で出ない方も多いのですが、出ても反応が希薄だったり、「早く電話を切りたい」感じがあったり、場合によっては途中で切られたり……と心が折れそうになります。でも、めげずに２ヶ月、３ヶ月……と続けていくことで、徐々に「いつもお電話頂いてありがとう……」と言って頂けるお客様が増えてきます。特招会のご案内は売り込みではありません。こうした「関係性深化」や「お役立ち」のためのアプローチは継続することでお客様の警戒感を解き、お話を聞いてくれるようになり、お客様からもご自身のことを語るようになります。

また、特招会にご来店頂いた際にご挨拶させて頂き、「いつも電話では冷たい対応でごめんなさい……」等と言ってくれたり、売場から呼んで頂き「いつも電話頂いているから、買い物するならばお会いしたいと思ったので……」等と言われたり……きっと努力は報われるはずです。

帳場前主のお宅には、いろいろな売り込みの電話が日々かかってくる。正直言うとうんざりしているはずです。だからこそ「また、売り込みの電話か……」と思われない工夫が大切です。まずは、ご挨拶→身分（会社名）→自分の名前→電話の目的、ここまでは必ず実施します。コメント全体の組み立ての目安は約30秒。30秒で言い切る構成にします。これは、関心のないお話を聞かされて、これ以上続くと印象が悪くなってしまうこと、そして万が一留守番電話になっても通常収めることができるからです。

こうした活動は毎月着実に積み重ねることが大切です。そして、電話に出て頂いたお客様の様子やコメントをきちんとデータベース等に記録しておくことです。先月に「風邪を引いてしまって……」とおっしゃっていたお客様には、翌月のアプローチの際には「風邪は良くなりましたか……」とご案内の前に加えることで、お客様との関係はぐっと近くなります。

さらに一歩進めるためには、こうしたお客様との「関係性深化」の積み重ねの中で、「今度、娘が結婚することになって……」「孫が生まれて……」「孫が来年小学校に入学……」等々の情報が得られた場合には、「ブライダルフェアをやっていますよ」「ベビーカーの新作が入荷しましたよ」「ランドセルのカタログができましたよ」等々、それぞれのお客様の関心事を踏まえたコメントを加えることで、直接その商品の買い上げにつながらないとしても、そこから話が広がり、様々な情報が得られるキッカケになります。また、ライフイベント情報は思わぬ関連購買につながる場合もあるようです。例えば、お孫様が生まれました→ご褒美にお嫁さんにカルティエのネックレスをプレゼント……等々。ベテランのメンバーはこうした関係づくりや情報収集が上手です。

⑤アテンド

「アテンド」とは、顧客との関係性を前提として、お客様のご要望に基づき、お客様を各売場等へご案内する行為であり、「お役立ち」でもあり、「関係性深化」の活動でもあります。通常、お客様は自由に店内を見て回り、お買い物を楽しむことを望んでおり、扱者に付いて回られることは好まれません。しかし、効率良く買い物をしたい、大きな買い物をするので相談に乗って欲しい、こんな場合には「アテンド」を求められます。だから、お客様の要望がないのに、勝手に付いていく行為は「アテンド」とは言えません。一方、お客様のご要望をお伺いして、「こういった要望を持ったお客様が行くのでよろしくお願いします」と各売場に手配しておくことも立派な「アテンド」と言えます。

以下、扱者としての同行アテンドの進め方について説明します。

⑴ 準備段階

時間的な余裕が確保できるタイミングでお客様からアテンドのご要望があった場合、まずはお客様の来店の目的をしっかりと把握しておくことが前提になります。既にご来店頂いていて、売場から呼ばれる場合もありますので、その場合にはご挨拶をしながら、お買い物の目的を自然に聞き出すよう努めます。次にお客様のこれまでの購買履歴や定性情報等についても確認しておくことが必要です。見当違いの提案をしてしまったり、言わなくとも良いことを言ってしまったりしないように注意し、逆に、触れなければならない話題を準備しておいたり……。また、購入を検討頂いている商品を扱う売場には事前にその要望を伝え、その要望に沿った商品を準備しておいてもらうこと。比較購買できるように他の売場へも声を掛けておくこと。加えて、関連商品の提案の準備やお客様の潜在的な要望を踏まえてお勧めすべき商品等あれば、当該の売場とも下打ち合わせをしておくことが必要です。

「ご来店日の周辺にお客様の大切な記念日がないか」を把握しておくことも必要です。誕生日が近かったら、「おめでとうございます」くらいは言わないと、「この扱者はダメね……」と思われます（私が扱者をしていた時には、ちょっとしたプレゼントを用意していました。本当にちょっとしたものですが、それでも自分の誕生日を覚えておいてくれた……と喜んでくれました）。

⑵ 売場との信頼関係

ここで重要なのは、売場との信頼関係です。販売員は複数いるのですが、本当に信頼できる販売員に対応してもらうためには、「この売場でのキーパーソンはこの人」と押さえておくことが重要です。お客様が店頭にご来店頂いた時には扱者宛てに連絡してくれる、新商品が入荷したら一報入れてくれる。売場の販売員側からしても有力な扱者とつながれば、良いお客様を紹介してくれる……との期待もあると思います。扱者と売場の信頼関係はまさしくＷＩＮ＝ＷＩＮの関係です。

⑶ アテンド当日の準備

アテンド当日はお約束時間の30分前には万全の体制でお待ちします。とは言え、イベント等では時間が他のお客様と重複していたり、ご来店時刻が読めなかったりします。万が一重なってしまった時……のために売場の販売員と事前の打ち合わせをしておくことに加え、「次はこの売場へ行って下さい」と伝言しておくことも優秀な扱者ならば既に実践しています。確かに、一人ですべてやることは無理なのです。何事も連携プレーですよね。もちろん、後で御礼を言いつつ、成果を確認します。

アテンドの間は、お客様と様々な会話ができます（↑そのために準備をしてきたので……）。その情報の中には、お客様と関係を深めることができるキッカケや次の商売のネタが含まれています。お客様の趣味嗜好、考え方等々、多方面に情報を収集しておくことが必要です。なお、お客様とのお約束は忘れずに記録しておくこと。

⑷ お買い上げの後処理

お客様接点で得られた情報は速やかに記録しておくことです。よく自分の手帳だけに記録している方もいるのですが、チームプレーをしなければならないのに、「扱者しか分からない！」では連携できません。企業としてのデータベースに記録しましょう。

そして最後にサンクスレター、サンクスコールを実施します。

⑥サンクスコール

「サンクスコールとサンクスレターどちらかやれば良い」という意見もあるようですが、やっぱりそれぞれ必要です。サンクスコールは2ウェイであり、お客様の反応が伝わるので、その特性を活かします。特に、特招会や店外催事にご来場頂いたのですが、お会いできなかったお客様には必ず「本日はご来場頂いたにもかかわらず、ご挨拶できず、申し訳ございませんでした。次回はぜひご挨拶をさせて下さい」とお伝えしましょう。きっと誠実な印象を残すことができます（きっと次回ご来場の際には呼んで頂けることでしょう）。

⑦サンクスレター

今日、これだけメール、フェイスブックやLINEでのコミュニケーションが一般的になっている中で、拙者の皆さんに「イベントでお会いしたお客様には、3日以内に必ず手書きでサンクスレターを書きましょう！」と言っても、「DMなんて読まないよ〜」と言われます。

確かに、日々たくさんのDMがお客様のご自宅には届いている。恐らく、ほとんどのDMは読まずにゴミ箱へ投げ込まれている。そんな中に手書きのサンクスレターがあったら……。もちろん、知らない人からのDMなら捨てられてしまうけど、知っている拙者からの葉書はちょっとくらい見て頂けるはずです。

書き方にも工夫が必要です。ベテランの中には、色鉛筆でちょっとした挿し絵を入れたり、自分で撮影した季節のお花や旅行に行ったときのお気に入りの風景の写真を印刷したり……。次に会った時にネタになるように、印象に残るようにしています。万年筆の色を黒ではなく青にして印象に残す方もいらっしゃいました。文章も一工夫が必要。できれば、お会いした時の会話を踏まえた一言を加える。旅行の話があったら「今度、ご旅行の写真を見せて下さい」とか、「膝が痛い……」と言っていたら「お大事にして下さい」、通り一遍ではない工夫が必要です。但し、ご家族に内緒の買い物をされている場合もあるので、商品名を書くのは止めましょう。

そして、最後にイベントが終わってから3日以内に出すこと。1週間以上経ってもらっても間が抜けてしまいます。

さらに、継続すること。これが大切。当初反応が無くとも頑張る。数ヶ月経ったイベントにて「いつもサンクスレターありがとう」と言われた事例もたくさん聞いています。

手書きは大変。だけど、その思いはきっと伝わるはずです。

⑧バースデーカード

バースデーカードもご挨拶したことのあるお客様には必ず送ります。「年配の女性は年を重ねることを必ずしも喜んでいない」と言う方もいるようですが、誕生日は大切なオケージョンの1つです。「お客様のこと忘れていませんよ」というサインでもあります。お客様から「バースデーカードは送らないで！」と言われない限り送るべきです。定型のカードもありますが、必ず一言は手書きでお祝いの言葉を付け加えましょう。売り込みの言葉は禁句です。純粋にお祝いの言葉だけ書きます。

4　顧客政策に関する誤解や不理解

2008（平成20）年4月に三越と伊勢丹が統合。それぞれの強みである顧客政策と商品政策をグループ全体の経営戦略として磨き上げていくことが期待されていました。当初はそういった議論もあったのですが、帳場制度を中心とした顧客政策の重要性に対する議論は残念ながら深まりませんでした。むしろ、決済手段であるクレジットカードのあり方ばかりに議論が集中していたようです。企業トップから店経営、そして本部及び店舗スタッフまで、顧客政策の実務を経験した方がいない。そのために、顧客政策を重要な施策の柱としてきた日本橋三越では様々な問題が生じました。経営の誤解から生じる発言によるモチベーションの低下、不理解に基づく施策によるお客様へのおもてなしレベルの後退、そして結果としての売上高の減少……。

この項では、こうした誤解や不理解について取り上げ、「第２章　顧客戦略の目指すべき方向性」につなげます。

①扱者制度はもはや必要ない？

帳場前主には扱者が付きます。帳場カードをお勧めした際にも、「ずっとつきまとわれるのは嫌なので……」とか、「必要な時だけ相談に乗ってくれれば良い」と普通のお客様は言います。そのため社内議論でも「今の上得意顧客は、ネットで情報は得ているし、扱者を求めていない」という意見が本当に多いです。

では、扱者制度はもう時代遅れなのでしょうか？

三越の上得意顧客は、髙島屋や大丸松坂屋、そごう・西武等、他の百貨店にも立ち寄っているはずです。売場での決済の時、「お宅のカードはどれでしたっけ？」とお財布の中を見せられた販売員も少なくありません（特に髙島屋の一般クレジットカードは赤いので、お帳場カードに似ているのです）。「私は三越しか使わない」というお客様は本当に少ない。ポテンシャルのあるお客様に対しては各社様々なつなぎ止め施策を打っており、「御用がある時にはコンシェルジュを呼んで下さい」といった程度の対応では、太刀打ちできないことは明らかです。お客様の趣味嗜好を把握し、顕在的なニーズだけでなく、潜在的なニーズも見出し、適切なタイミングでご提案する……といった信頼関係に基づくからこそできる活動のためにはやはり扱者は必要です。

「お客様は『扱者はいらない』と言っている……」と売場の方々は言います。一般的に売り込みに対する警戒感は強い。だから「扱者が付く」と言われると、「来店するといつもくっついてくる……面倒だ」「頻繁に電話がかかってくるのでは？」等と思っている方が少なくない。しかし、三越の扱者制度は、「関係性深化」と「お役立ち」を基本理念としており、無理な売り込みはしません。アテンドもお客様のご要望に基づいて行っており、無理に付いて来ることはないのです。まずは、販売員が「扱者制度」を正しく理解することが大切です。帳場前主候補は売場の「優良顧客」であり、販売員の後押しも必要です。

今はどこの百貨店も店頭の社員数は本当に少なくなっており、売場運営が取引先任せになっているのが実状です。そのため、店頭に顧客不満足要因があったとしても店舗の経営まで上がってくることが以前に比べても少なくなっています。お客様は店舗に対して様々な不満を抱えているはず。しかし、その多くは表に表れないまま、お客様は他店へと移ってしまっている。特に、帳場前主候補に挙げられるお客様とはぜひ永いお付き合いをさせて頂きたいわけですから、こうした不満を言いやすい関係を作っておくことは重要だと思います。

②上位顧客だけを深掘りしていけば良い？

「継続的に大きなお買い物をして頂いているお客様にもっと集中することで、売上拡大を図ることができるのではないか？」そんな考え方が一部の経営者にはあります。また、効率的な営業を目指すとの考え方から「直近でのお買い上げが少ないお客様にはサービスを絞り込もう」との指示が出たりします。

ある店舗での実例です。

２０１４年に某店舗で２００万円以上購入した顧客数は約３５００口座でした。翌２０１５年も連続で２００万円以上購入した方は約２０００口座と約６割に留まりました。さらに２０１６年に３年連続で２００万円以上購入した方は約１５００口座と２０１４年基準で約４割へと減少します。売上高も約１４５億円から、約１０２億円（70％）、86億円（59％）と減少したのでした。つまり、単純に上位顧客だけを追っていくと顧客数も売上高も大きく落としてしまう。「上位顧客に集中することで売上は拡大するはずだ」との反論もあるのですが、現状の上位顧客がすなわちポテンシャルも上位であるとなぜ言えるのでしょうか？

一方、「お買い上げが伸び悩むお客様」ですが、先のデータで見てみましょう。２０１４

年度100万円未満※の顧客数は約3万9000口座（101億円）、そのうち2015年に200万円以上購入頂いた方が約4000口座（約13億円）、2014〜2015年連続で100万円未満だったお客様（3万3000口座）のうち、2016年に200万円以上購入頂いた方は約200口座（約6億円）でした。つまり、ある期間「低稼働」とはいえ、買上上位のクラスターに入ってくるお客様も一定割合でいらっしゃるのです。

※「お買上高が伸び悩むお客様」の定義はいろいろ考えられますが、ここでは仮に100万円未満とおきました。100万円以上のお買い上げが積極的に対応すべき顧客との考え方が一般的であるためです。

帳場前主は一定の要件を満たしたポテンシャル顧客であり、何らかの事情でお買い上げが伸び悩む時期があるとしても、あるキッカケでお買い上げが顕在化する可能性があります。扱者の対応不足や努力不足がその原因かもしれない。だからこそ、「お買い上げが伸び悩んでいるから電話するのはやめよう、DM郵送するのはやめよう」という判断は正しいとは言えないのです。

③新規顧客の獲得による売上拡大？

「新規顧客獲得で増収を図る」という施策が時々見受けられます。「新規顧客」の定義をしっかりしないと、判断を誤る場合があります。まずは、「カードの有無」×「購買実績」で顧客分類をします。

(1)　カード無＋購買無：本当の「新規顧客」
(2)　カード無＋購買有：カードホルダーになると「新規顧客」扱いだが、それだけでは店舗としての増収にはならない
(3)　カード有＋購買無：いわゆる「スリーピング顧客」
(4)　カード有＋購買有：いわゆる「既存実績顧客」

例えば「新規顧客を1000名獲得して、一人当たり100万円とすると10億円の増収」と施策で掲げた場合、この「新規顧客」は、既に店頭で現金（含む友の会）や銀行系クレジットで大きなお買い物をしているのだけど、システム上認識できていない……というお客様（分類(2)）も含まれる可能性がある。決済手段がシフトしただけで、識別化には意味があるけど、増収にはならない。純増で10億円つくるためには、分類(1)の顧客1000名を外部から探して買い物をしてもらえるようにする必要があります。例えば、魅力的なインセンティブを付けて、様々な媒体に広告を出して、既存のお客様にもご協力頂く等、いろいろ手を打たないと難しい。ハードルは相当高いと言えます。その意味では、分類(2)の顧客に自社カードを持って頂き、扱者を付けて関係性を深め、買い回り促進を図るというのが、増収の王道だと思います。

④「スリーピング顧客」は寝ているのか？

先の顧客分類で〝⑶カード有＋購買無：いわゆる「スリーピング顧客」〟としたお客様について触れます。実は売上拡大の余地はここにあります。伸び悩んでいる理由を考えましょう。

A　自社カードの口座売上はないけど、友の会、銀行系クレジットカードで買っている
B　本人の転勤、入院等、物理的に購買できない
C　ご家族の介護、ご家族の教育等、時間的または資金的に一時的に購買が抑えられている
D　そもそもポテンシャルがない（含む高齢化）

アプローチしても将来的に購買につながらないのはDだけ。これが見極められるのは、お客様を知っている扱者だけです。

今お買上高が伸び悩んでいるからといって、DMを送らなくなったり、電話をしなくなったり……すると将来の復活の芽を摘んでしまう。最低限のアプローチは継続すること。ちなみに私は約4年間こうした低稼働のお客様を担当するチームのマネジャーをやっていました。扱者から久しぶりに電話をさせると、「三越です！」と言った途端、電話を切られたり、「買わなく

なったから連絡がなくなったんでしょ」と言われたり等々、当初は散々厳しい反応でした。その当時の営業日報を読むと毎日のように「もう心が折れそうです……」なんて悲鳴が綴られていて、「申し訳なかったな」と思います。しかし、関係性が深まれば、再度お買い物をして頂いている事例がたくさんあるのです。

⑤新規帳場前主の獲得は拙者の仕事？

「現在、お買い上げの中心となっているお帳場前主は60～70代。帳場前主は高齢化しており、新規帳場前主の獲得は急務である！」といった発言をする経営が多いのが実態です。実は、お得意様営業の立ち上げ期から２０１０（平成22）年のカード切り替え時まで、担当する帳場前主の口座数は概ね11万口座前後を維持していました。このことは何を意味するか？　帳場前主とは生涯顧客であり、親から子へ世代交代が順調に進んでいたということであり、さらに帳場前主から「あなたが担当して頂けるのであれば……」ということで友人・知人をご紹介して頂いてきたということなのです。

２０１０（平成22）年４月に帳場カードのエムアイカード社への切り替えに際しては、新たに年会費を徴収すること、切り替えの手続きをお客様に求めたこと、そして最近のカード買上高が一定額を下回る前主には一般Ｍカードをお勧めしたことによって、約11万口座あった帳場前主は約7万口座へと大幅に減少しました。帳場カードへ切り替えなかった前主の中には、もちろんご高齢で今後お買い上げが難しい前主もいらっしゃいましたが、一方でご子息ご令嬢、お孫様への世代交代が想定できる前主や現役世代で一定の収入がありながらもお子様の教育、住宅ローンの支払い等から現時点ではお買上高は必ずしも多くないが、5年後、10年後のお買い上げが期待できる前主も多くいらっしゃったはずなのです。こうしたお客様が三越伊勢丹側の都合で離反せざるを得なかった。

過去のことは取り返しがつきませんが、今お得意様営業の扱者ができることは、担当する帳場前主との関係を深めることで、ご家族の分離独立をお願いすること、友人・知人のご紹介を頂くことです。

加えて言えば、帳場前主は本来、店舗全体でおもてなしをすべきお客様です。各売場で相応しい接遇をすることはもちろん、店長や各営業部の部門長も積極的にご挨拶する。その上で、店舗を挙げて新規帳場前主の獲得の旗を振ることが店長には求められます。

⑥累進制優待率のクレジットカードは有効か？

百貨店各社は自社のクレジットカードを発行しており、様々な特典を付けています。一番の特典は優待制度であり、大半はポイント制度です。お客様のお財布の中には様々なクレジットカードが既にあり、その中から自社カードを使って頂けるようにするための仕掛けです。但し、ラグジュアリーブランド等の高額品は適用除外になっている場合が多く、銀行系のクレジットカードが使われてしまう……ということは日々発生しています。そんな優待制度ですが、多くの企業が年間買上高と連動した累進制。同じ商品を購入するならば、より優待率が高いところで購入したい。当然の顧客心理です。「お買い物をなるべく自社に集めてもらいたい……」と優待率を高く設計しようと考えるのですが、一方で利益も確保しなければならない。だから、優待率は概ね10％を上限として設計されているし、たくさん買ってくれたお客様の優待率は高く、そうでないお客様の優待率は抑える……となっています。経済合理性の視点です。

それでは、「お得意様」にお持ち頂くクレジットカードはどうか？　実態としては、固定制が多いはずです。「お得意様」の場合には、高額品商談に際しては扱者を介在して個別交渉をすることが多いはずです。また、「お得意様」の定義（会員資格要件）にもよるのですが、"将来に亘って高い購買力を持ち、そのウォレットシェアの最大化を目指すべき顧客〃を目指すならば、累進制を採用する必要がない。むしろ累進制にすることで、離反リスクを高めてしまう恐れがあります。少なくとも一旦高まった優待率は縮小しない仕組みにする必要があります。

「お得意様」と言っても常に年間１００万円以上買い続けられるわけではありません。病気で入院していたり、親の介護で買い物どころではなかったり、海外へ転勤したり……これが実態です。そのタイミングで最低優待率に落とされた時、「お得意様」はどう思うのか？

「どうせ買わないから優待率が下がったんでしょ」優待率が上がった時よりも下がった時の悪印象の方が大きいのです。消費者心理です。「買ってないんだから優待率は下がっても仕方ない」という経済合理性に基づく説明は、「お得意様」を傷つけます。商品も同じ、優待率もほぼ同じ、商談の決定要因は扱者との関係性という事例を数多く見てきましたが、間違いなく扱者との関係も悪化します。だから、固定制にしておくべきなのです。生涯顧客づくりを目指すならば、当然の帰結です。

⑦お得意様営業は経営合理化に伴う人員調整の場？

お得意様営業は、経営合理化のための人員調整の場としてその都度利用され、人数が増えたり、減ったり、を繰り返しています。しかし、基本活動を愚直に実践するためには、扱者一人で担当できる顧客数というのは自ずと決まってきます。部門の適正扱者数を下回ると当然活動に支障を来します。帳場前主と扱者の関係は長い時間を掛けて築き上げてきたものです。一時の人件費削減のために扱者数を減らしてしまうと、関係は切断してしまいます。業績が回復した際に人数を戻しても、帳場前主との関係は急には回復しないのです。顧客政策に理解の無い経営からは、「関係性深化」の活動は、生産性が必ずしも高くないように見えるようなので、「扱者を減らしても売上はそんなに減らないだろう」と削減してしまいます。しかし、その影響は必ず業績に表れてきました。この点は第3章で触れていきます。

以上、お得意様営業の働き方と現状の課題を紹介しました。

第2章　顧客戦略の目指すべき方向性

この章では、店舗における「優良顧客」育成に向けた「顧客戦略」の目指すべき方向性をまとめます。これまでの活動は企業の全体戦略の中での位置づけが不明確であったことから「顧客政策」と呼んできましたが、企業の全体戦略の中の競争戦略の1つとして位置づけられるべきとの考え方に立ち、「顧客戦略」と呼びます。三越での取り組みをベースに作成していますが、内容としては規模の大小にかかわらず地方都市も含め、全国の百貨店でも参考にできるところもあると思います。既に商品やサービスでは差別化が難しくなっており、また、地方百貨店ではそもそもお客様のご要望に適った品揃えが難しく、「顧客との関係性」が差別化の重要な要素になっているという点は、どこの百貨店でも同じだからです。

1　育成すべき「優良顧客」を定義する

「優良顧客」とは、「店舗として発掘し、育成し、維持すべき理想の顧客像」とします。2017年度までの三越伊勢丹グループで掲げられた『ビジョン』では「お客さまの生活の中のさまざまなシーンでお役に立つことを通じて、お客さま一人ひとりにとっての生涯にわたるマイデパートメントストアとなり……」とされました。ここでは「生活に必要なあらゆるアイテムを自店舗で購買して頂けるお客様」「自店舗を『マイデパートメントストア』とするお客様」と仮に定義しましょう。

「絵画のみだけど5年に1回くらい１０００万円購入して頂けるお客様」ももちろんありがたい。ですが、計画的に育成し、獲得すべき顧客は「毎年継続して１００万円以上様々な分野の商品をご購入頂けるお店のファン」＝「優良顧客」と定めましょう。

次に必要なことは、こうした「優良顧客」をどうやって発掘するのか？　これが店舗に求められる機能として語られなければなりません。

例えば、50歳で「顧客」になって頂き、74歳まで継続してお買い物を頂いた場合（この間多く購入頂ける時期も、転勤や病気、ご家族の教育等、お買い物が伸び悩む時期もあります）、平均して50万円をご購入頂けたとすると50万円×25年＝１２５０万円になるわけです。平均粗利益率20％としても１２５０万円×20％＝２５０万円という利益を頂戴するわけです。

期待価値２５０万円（↑本来は、現在価値に割り引かないといけませんが、ここでは割愛）のお客様を発掘する動機が店舗に生じるはず。だから、人手を掛けて、場合によっては優待の特典を付けたり、粗品を渡したり……関係づくりのキッカケを作るべきです。店舗としても主体的に動く必要があると思います。

2　将来の「優良顧客」をどうやって発掘するのか？

さて、将来の「優良顧客」＝「潜在的優良顧客」をどうやって発掘するのか、です。

店頭にはポテンシャルのあるお客様が多数ご来店になっています。しかし、名札が付いているわけではない。見分けるための要素があるはず。ここが企業としてのノウハウだとは思いますが、具体例で示したいと思います。

①見た目基準：カルティエ等の宝飾品、パテック等の時計、エルメス等の高級バッグ……といったブランドを常日頃から身につけているお客様

②属性基準　：医師、弁護士、公認会計士、一部上場会社の部長以上、オーナー社長等のお客様

③購買基準　：定期的に高額な美術品や呉服を購入しているお客様

他にもあると思うし、「これは違う……」と言われるものもあるかもしれません。しかし、こうした「基準」を事前に整理しておくことがまずは必要です。そして、この「基準」を満たすお客様がいらっしゃったら、「囲い込む」ことです。

個人営業部門の扱者も、担当するお客様からの信頼を得て、友人・知人やご家族、ご子息・

ご令嬢をご紹介頂くこと、これも大切です。しかし、これだけでは絶対数が伸びない。顧客数を増やそうとするならば、売場が主体的に関わる必要がある。むしろ、店頭ルートが主となる必要があります。各売場のメンバーがこれらの基準を満たす顧客を積極的に紹介して頂けることを目指します。そのためには、こうした活動の意義をそれぞれの売場のリーダーに理解して頂くことはもちろん、販売に携わるメンバーの腹に落としておいてもらうことが求められます。現状、販売員の大半が取引先からの派遣社員であり、取引先の利益と一致しなければ動かない。また、一致したとしても百貨店側の社員との間に信頼関係がなければ、情報として共有されない。自主編集売場は他の委託売場に百貨店としての意思を徹底する重要な役割も担っていたはずが、本当に少なくなってしまいました。いずれにしても、売場販売員に共有して頂くことが本当は大切です。

また、店舗のコンシェルジュ担当の協力も必要です。むしろ、現状ではこうしたメンバーに負うところが大きいと言えるかもしれません。積極的に情報収集をして、個人営業部門へ紹介をすることで顧客づくりを促進します。

3　「優良顧客」の育成

「優良顧客」は時間を掛けて育成していく必要があります。既に大きなお買い上げを頂いているお客様はもちろんですが、「これからお買い上げ頂けるであろう」お客様にも積極的にアプローチすべきです。なぜならば、既に大きなお買い上げを頂いているお客様の場合には、特定の売場やその担当との間で関係ができている場合も多く、扱者がその間に入っていくことになるので、いろいろと工夫が必要ですし、購買高拡大の余地は「これから……」のお客様の方が大きいかもしれないからです。

いずれにしても、当該顧客との接点をなるべく多く持ち、関係を深め、お客様の趣味嗜好等やご家族のライフステージ情報を収集し、適切なタイミングで的確な提案を積み重ねることです。多くの企業では、扱者に対して短期的な売上高を求めますが、強く求め過ぎることで長期的な関係構築を阻害する可能性があります。

以前、ある呉服のイベントの際に、扱者の方とお話しする機会があったのですが、『今日は買わない方が良いですよ』って言ってあげることも大切なんだよ」とのコメントにはとっても感心した記憶があります。また、「このお客様は絶対将来の優良顧客になる！」と思ったら、そのお客様が欲しいと思った商品が自店舗で扱っていない場合には、競合他社の店舗で買ってでも、または他のチャネルで買ってでも用意する……という事例を何度も見てきました。最近では「クリスマスプレゼントにニンテンドースイッチがどうしても欲しい」とおっしゃっていたお客様のために、当然自店舗では用意できないので、トイザらスに買いに行って……とか、「ナイキの〇〇シューズが欲しい」という話があるので、御殿場のアウトレットに買いに行ってきました等々、逸話がたくさんあります。

足元の利益を度外視してでも、関係を作りたい……という扱者の思いはきっとお客様に伝わるはずなのです。残念なのは、こうした扱者の個人的な取り組みはあくまで個人的活動であって、企業としての仕組みになっているわけでもありませんし、奨励しているわけでもありません。こうした活動はしっかりと制度として組み立てるべきだとは思います。

4　「平等なおもてなし」と「応分なおもてなし」

「扱者の活動」（横軸）×「お客様の活動」（縦軸）とした時に、右上を第一象限、そこから反時計回りに第二、第三、第四と座標軸を見て下さい（図2）。第一象限は、「扱者の活動」も「お客様の活動」も活発、第二象限は「扱者の活動」は少ないけれど「お客様の活動」は活発、第三象限はともに低調、第四象限は「扱者の活動」は活発だけど、「お客様の活動」が低調になります。こうした時、第一は扱者による「応分のおもてなし」であることは当然ですが、第二をどうするか？　自由にお買い物しているのですが、お客様との関係性が深まることでさらにお買い物を頂ける可能性があるわけで、扱者による「応分以上のおもてなし」体制をとるべきです。さて、第三は未知の象限であり、まずは「平等なおもてなし」を愚直に進める必要があります。ここを誰がやるのか？　一人当たり扱者の人数によるのですが……、23区内で宅訪ま

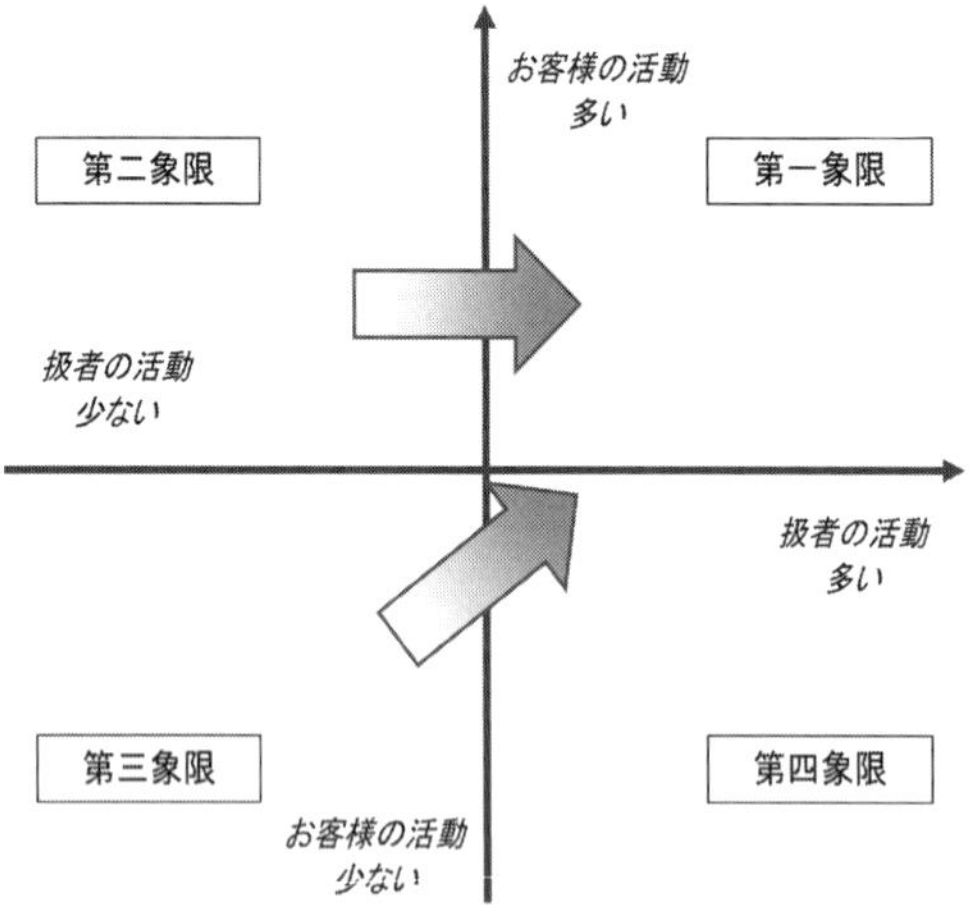

図２

で実践するならば約２５０口座が恐らく限界。それを超える場合には、まずは電話アプローチを集中するチームに切り分ける必要があります（但し、扱者は付けておきます。なぜならば、関係が構築できたことによって急に稼働する可能性もあるからです）。この場合には一人当たり、２０００～３０００件程度は担当できます。そして第四象限は、扱者が一生懸命やってもお客様が動かない……（長いお付き合いで昔はたくさん貢献してくれたけど……というお客様も多いので）、完全に塩漬けにしてしまうのではなく、電話アプローチチームを付けて「平等なおもてなし」を控え目に実施する。なお、「お客様の活動」を精緻に把握するためにはシステムの活用が前提になるのですが、環境が整わない中では、売上高で代用せざるを得ません。

直近でお買い上げが伸び悩んでいるからといっ

て「塩漬け」するのでは「生涯顧客」とは言えないと思うのです。買わなくなったから関係を切る！　のではなく、ちゃんと手はつないでいる、そんな関係でありたいと思います。

5　評価の考え方

お得意様営業は設立から数年間、個人の売上評価はありませんでした。行動基準の遂行度のみです。その後、チーム単位での業績管理となり、個人業績指標が入りました。個人業績管理は、人事・賃金制度の改正によってメリハリのある処遇（現業でも活躍次第ではマネジメントラインを超える処遇が可能）を実現しようと導入されました。

では、基本活動が一番徹底できていたのはいつかと言えば、行動基準の遂行度のみで評価していた時です。それしか無いわけですから。それでも三越と伊勢丹の個人営業部門統合までは個人とチーム単位業績は半分ずつでした。つまりチーム単位業績が良くないと高い評価にはならない……。他の扱者へかかってきた電話も出なければいけないし、代行アテンドにも行かなければいけない。その押さえがあった。しかし、統合でチーム単位業績が外れ、基本行動軽視に拍車が掛かった。足元の数字はできるけど、将来の数字は心許ない……。組織としての立ち上げ期、成長期、成熟期……それぞれの時期での考え方があると思います。まず立ち上げ期では、行動基準遂行度は必須、そしてチーム単位業績は加味しても可、個人業績はなくとも良い、しかし入れなければダメなら最小限度で良い。

「それでは、モチベーションを保てない！」との声もありそうですが、そもそもそんなにメリハリある運用ができているのでしょうか？　あったとしても、「両刃の剣」なのです。メリハリ運用を始めると、やめられない。しかし、新しいチームを立ち上げて、基本の徹底から始められるなら、まずは業績評価無しでスタートすべきです。但し、マネジャーが扱者ごとの日々の活動を細やかに見ていることが前提です。メンバーの日常活動に関心がないマネジャーの下では機能しません。加えて、基本活動を『営業日報』中心に精緻に把握し、マネジャーと扱者が日々コミュニケーションをとることです。そうしないと活動の精度も高まらないし、評価の納得性も高まりません。

成長期、成熟期になれば、個人業績指標も考慮することでモチベーションの向上を図ることができます。但し、担当口座売上高の絶対額を管理するのではなく、関わった商談の売上高（＝「アテンド売上高」）で見るべきです。「ハイパフォーマー」と言われる扱者は、基本活動を愚直に実践することに加えて、商談の成約率を高めるための努力を陰ではしているのです。定期的に売場に通って情報収集に努めたり、商品の勉強をしたり……等。こうした努力を評価する意味で「アテンド売上高」を見ることは必要になります。また、直接関わっていなくとも、扱者による情報発信や基本活動を通した信頼関係によって「一人歩き」でできている売上もあることも事実です。その点を考慮するならば、口座売上高の対前年伸び率を見ることも必要かもしれません。ポイントは絶対額でなく、対前年伸び率を使うこと。担当地域の有利不利は必ずあります。しかし、対前年改善率は努力を積み重ねた扱者を明らかにすることができます。但し、あくまでも基本活動の実践度が主、業績指標は従の位置づけであるべきです。目的は高い業績を継続的に実現するチームを作ることにあります。

6　お客様の声の活用

「お客様第一」を経営理念に掲げている企業は本当に多い。しかし、具体的な施策として実践できている企業はどれだけあるのでしょうか？

個人営業部門の扱者や店内のコンシェルジュ等は『日報』を日々書いているはずです。〝はずです〟と書いたのは、売上に直結しないので、記録を徹底できていない事例が結構多いのではないか？　実は書いていたとしても「お客様の声」を書いていない場合が多いのではないか？　営業未経験メンバーのチームのマネジャーを担当している時には、私も『日報』を毎日読みましたが、売上報告はちゃんと書いてくるのにお客様のちょっとした声は書かないことが多い。「売上の話も大切だけど、電話や宅訪、店内でのご挨拶等、その日に接したお客様の声を良いことも、悪いこともちゃんと記録してね。ちゃんと読んで対応するから……」と伝えたら、最初は少しずつ書いてくれるようになり、コメントを返したり、上長に報告したり、できることから関連セクションに投げかけたり、朝礼で共有したり……と積み重ねてやっとたくさん書いてくれるようになりました。その内容を読み返すと、企業・店舗にとって重要な不満や疑問が本当に少なくない。「この声を埋没させておいて、何が顧客第一主義なのか」と思うことが何度もありました。但し、仕組みになっていないので、こうしたとりまとめをする担当者が異動してしまうと報告の流れはストップしてしまう。

また、その中にはお客様のお役立ちの声もたくさんありました。「来年成人式があるのです」「七五三の着物、お姉ちゃんのものを作り直そうと……」「母の傘寿なので……」等々、個人のレベルで留めていると、本当にちゃんと対応できているのであろうか……みんな忙しいわけですから、ひとりぼっちの営業の知識、情報では対応し切れないこともあるだろうと思うのです。こうした情報をしっかりと組織として吸い上げて組織的にソリューションを提示してあげることができたら、お客様満足度は本当に高まります。

お客様の声を吸い上げることを仕組み化する必要があると本当に思います。それが経営理念の実践の第一歩でしょう。

7　コミュニケーションツールの活用

お客様との関係性を深めていくためにも、「コミュニケーションツール」は重要な機能を果たします。ここで言う「コミュニケーションツール」とは『宅訪用新聞』等です。

営業経験のないメンバーが宅訪に行くのは本当につらいものです。知らない街へ行って、知らないお客様のご自宅を訪問し、ご挨拶をしなければならないのですが、何を話して良いか分からない。そんな時に「コミュニケーションツール」はお役に立ちます。「コミュニケーションツール」は読んで字の如く、売り込みはありません。お客様との関係を深めるため、店舗のイベント情報等のお役立ち情報を記載することが重要です。カードポイント制度等の詳細（ポイントの有効期限やポイント残高の確認方法）を書いたところ、とっても好評だったこともあります。これがあれば、メンバーは安心して話をすることができます。順序立ててお話ができるわけです。

一方、中堅メンバーにとっても有効です。宅訪に行くとご不在のお客様が少なくないので、このツールは「ご不在の時に訪問しましたよ」と宅訪の形跡を残すことができるからです。なお、できれば、顔写真や似顔絵等が載っていると更に良いです。お会いしたことがないお客様は、来店した時に「あなたね！」ってすぐに分かってくれるからです（似顔絵の時には、「実物の方が良いじゃない！」って言われたりします）。

コミュニケーションツールは、営業活動の「暗黙知」であり、個人的に作っているメンバーもいますが、個々人で作っているので、「形式知」になっていない。こういったものは組織のノウハウとして部門のスタッフが用意すべきです。

8　朝礼の重要性

朝礼は顧客戦略を実践する上でも、とっても重要な位置づけにあります。ポイントを確認しておきましょう。朝礼の目的は主に5つです。

⑴　業務連絡

業務連絡というと最初に「昨日の売上は……」と始まり、「今日の目標は……」と続きます。しかし、ここにあまり力点を置く必要はないと思うのです。長々と数字の分析をしている朝礼を聞いたことがありますが、限られた時間の中で、そんな細かいこと言われても論点がぼやけてしまいます。

数字は手短に切り上げて、知らないとお客様にご迷惑をおかけしてしまう情報等は丁寧に毎日繰り返し、提出書類等は締め切りを箇条書き的に伝えます。長い説明が必要な項目は、朝礼でキーワードだけ伝え、メール配信で伝えることも有効です。

⑵　本日の行動基準の確認

「1ヶ月単位での行動計画表」に基づき、それぞれの週や日で優先的に取り組むべき課題は明確なので、宅訪や電話アプローチ、サンクスレター作成、情報入力等、今日優先的に取り組むべき項目を宣言します。なお、優先取組課題が「宅訪」の場合には、「今日、宅訪に行けない方は？」と呼び掛けます。手を挙げてもらって、宅訪に行かない理由をみんなの前で手短に説明してもらうようにします。こうすると意識づけができます。宅訪の場合には、開店直後に出て17時頃に戻ってくることが一番効率が良いので、その旨応援の言葉を添えて送り出すようにします（「今日は暑くなるので、日射病に気をつけて下さいね」等）。

また、お客様がご来店になってアテンドの予定がある方はその旨、共有しておくと良いと思います。お客様が早く来たり、扱者が他の仕事で手が離せなかったりした時にスムースに代わって対応することができます。

⑶　メンバーのモチベーション向上

行動基準の徹底が重要なので、「電話アプローチを1日で１００件やりました！」とか「都下の宅訪1日で10件回りました！」等々の事例があったら、積極的にみんなの前で褒めます。褒められて嫌な人は多分いないと思うのです。思いのほかメンバーも気にしていて、後刻「マネジャー、私も昨日１００件電話しましたよ！」って言ってきた例もありました。

逆にできていない、悪い事例は名前を出さずに共有する。こうすることで真面目に頑張っている扱者のモチベーションは高まるのです。

⑷ 出勤者・勤務パターンの共有の確認

出勤者や勤務パターンの共有も意外に大切。電話を受けた場合には担当の扱者に代わってお話をお伺いする場合もあるので。知っておいた方が良いですね。

⑸ メンバーの健康状態の確認

売場の朝礼で、メンバーから毎日一言ずつもらっている事例があると聞いたことがあります。時間的な余裕があればぜひそうした方が良いです。朝は忙しいのでなかなかそこまではできない。でもマネジャーは話をしながらグルっと見回して、様子のおかしい人がいないか確認する。気になった方がいたら、朝礼後に声を掛ける。とっても大切です。仕事が終わらないので無理して出社している人もたまにいますからね。

いろいろ書いてきましたが、ここまでやるとすると、相当準備が必要です。マネジャーとして朝来てから話をすることをまとめて……だけでは相当難しい。本来はスタッフ部門が朝礼で伝えるべき内容をコンパクトにまとめておくことで、マネジャーの支援をするとともに発信にバラツキのない、漏れのない環境が作られるのです。

9　夕礼の有効性

朝礼に続いて、夕礼です。

お得意様営業では、特段の連絡事項がある場合にのみ開催されるものであり、必ずしも毎日は開催していませんでした。しかし、営業未経験チームでは、主として次の３つの目的で毎日開催しました。

⑴　業務連絡事項の伝達

日中にミーティングやメールでの発信内容等は伝達しますが、それ以上に大切だったのは業務連絡事項の趣旨説明です。時間に限りのある朝礼ではその趣旨が伝わらないことが度々あります。この点を確認しながら理解頂くことはとっても有効です。

⑵　明日以降の業務スケジュール

明日からの業務内容を伝達することで、その準備を促します。明日から宅訪であれば、配付用の媒体や名刺、外出先の地図、名簿等、事前に準備しておかないと開店直後から出られません。電話アプローチであれば、対象顧客リストやアプローチコメント例、お客様宅へ郵送された媒体、売場の催事資料等は準備しておかないと開店直後から電話が掛けられません。そもそもこのような基本行動の個人ごとの計画も確認しておくと意識づけにもなります。

(3) 1日の振り返り

そして、とっても大切なのが、この「1日の振り返り」です。今日1日の出来事を全員に語ってもらうこと。具体的には基本行動の実践件数とお客様の声や今日の出来事等です。基本行動のバラツキを相互に確認することで、遅れ気味のメンバーの意識づけになるとともに、活動の中での気づきは他の扱者にとっても役立つことが多いです。以前、電話アプローチで苦戦している時に「店舗休業日や営業時間の変更を伝えると、喜ばれるよ」とか「季節の挨拶を加えるとお客様の気持ちが和らぐよ」等々、ヒントをもらったのもこうしたミーティングからのアイデアでした。

ベテランからすると、最初は抵抗があるかもしれませんが、定例開催を重ねているととても有効であることが分かります。扱者相互にコミュニケーションを図る機会って実は少ないですからね。

10 商品知識等の習得

お客様の期待を超える「お役立ち」のためには、扱者は店内の商品やイベント、サービスだけでなくカードの機能等についても情報を持っていることが求められます。

いわゆる「ハイパフォーマー」と呼ばれる扱者は自ら売場を回り、販売員の方々と信頼関係を作って商品に関して勉強しています。一生懸命学ぼうとしている扱者には丁寧に説明してくれる。しかし、経験の少ない扱者は何をやって良いのか分からない。

扱者が効率的に商品知識を習得していくために、店舗として営業部や売場に働きかけて、勉強会を開催していくことが必要です。お得意様営業では主要な店外催事がある時には必ず展開商品や会期中のイベント等について扱者に伝える場を作っていました。伝え方にも工夫が必要です。ブランド店長さんの中には商品を1つずつ解説してしまう方もいるのですが、「このイベントのポイントはこれ！」ということに絞って伝えることが良いです。今までご来場頂いていないお客様にも来てもらえるようにするためには、関心の有無が分からないお客様にも広くお声掛けする必要があるわけですから、「一言でそのイベントの魅力が伝わるフレーズ」を説明するべきです。加えて、「詳細はぜひ売場に見に来て下さい」と言って、売場担当者の名前を売り込んでおく。マネジャーは後刻「ショップへ話を聞きに行きましたか？」と声をかけて後押しします。

勉強会が定着してくると、何でもかんでも「説明させて下さい」といろんな売場から言ってくるのですが、「顧客との関係深化」「お役立ち」の視点から取捨選択して、ポイントを絞った説明をして頂くことが大切です。たまに、資料だけ配る売場もあるのですが、扱者の手元には膨大な企画書や媒体があり、配っただけではあまり役には立ちません。

だからこそ、日頃から扱者が複数の売場へ行くための意識づけと売場からの協力の姿勢を醸成しておくことが必要です。ちなみに、マネジャー時代に「父の日のプレゼントのアイデアを夕礼で発表して下さい」という宿題を朝礼で投げ掛けたのですが、いろんな情報が集まってお互いに勉強になりました。

11　お得意様ラウンジの位置づけ

最近は、買上上位顧客や個人営業部門が担当する顧客向けにラウンジ機能を整備することが多いようです。いろんな飲み物が飲めたり、いろんな雑誌が置いてあったり、携帯電話の充電ができるようになっていたり、ＰＣが使えるデスクがあったり、Wi-Fiが使えるようになっていたり、いろいろ便利になりました。

日本橋三越の「お得意様サロン」の主たる目的はコミュニケーションにあります。扱者が売場にいた時には、その販売員がみんなで帳場前主のことを知っており、ご挨拶をして、扱者不在の時には代わってご要望をお伺いしていたのですが、お得意様営業に集約されることで扱者との接点が店内になくなってしまった。だから、「お得意様サロン」はコミュニケーションの場でなければならないのです。「お得意様サロン」のメンバーの主たる業務は、ご来場頂いた前主と積極的にコミュニケーションをとり、できる限り顔と名前が一致するように努めること。実際に「お得意様サロン」では、このお客様は日本茶が好きなのか、コーヒーが好きなのか、座る場所の好みがあるのか……等々、細かいことですが把握して、ご要望にお応えしています。お得意様ラウンジは、単なる「お休み処」ではないのです。

12　営業支援システムに対する考え方

これまで書いてきた内容は、主としてアナログでの「顧客づくり」の話です。と言っても、「デジタルなんていらない！」と言っているのではありません。個人営業部門の仕事に携わって、営業支援ツールの導入にも関わりました。その際には、複数のＳＦＡ（Sales Force Automation／営業支援システム）ソフト会社の方とも何度も打ち合わせをしたり、プロトタイプのトライアル運用も半年くらいの期間で実施したりしたことがあります。

私の結論は、「売上をつくるのは結局システムじゃない。自分たちでしかできないんだ」ということです。システム会社が悪いわけではないのです。彼ら彼女たちも一生懸命考えてくれている。しかし、仕事の効率化はできますが、それが売上に結び付けられるか否かは、自分たち次第なのです。

現役時代には経営から「デジタル化の時代だ！」「ＩＣＴ活用でお客様に近づこう！」等々

のコメントをよく聞きました。間違いではないですが、売上を拡大する仕組み（＝設計図）は、自分たちで描くしかないのです。私もシステム会社の方に何度も聞きました。「このソフトウェアを導入すると売上は上がりますか？」答えはいつも同じです。「売上を上げるのは御社の仕事です！」でも、その通りですよね。

顧客戦略で言えば、お客様との関係を深める活動をする。定期的に情報を発信する、情報を収集する。タイムリーに的確な提案をする。活動を発生時点で記録する。次の提案に反映する……。この設計図（行動基準＋組織）をまず描いておくことです。しかし、こうした全体設計図をちゃんと描いている百貨店がどれだけあるのでしょうか？　ぜひ振り返って欲しいと思うのです。

一般的なＳＦＡとは、顧客の基本情報の管理、扱者の行動管理（スケジュール・活動管理）、グループ内チャット、掲示板、ファイル共有、日報等の報告書作成機能が基本で、それに加えて様々な分析機能が付いている。本当に便利です。しかし、「優良顧客」を育成する……という概念を持っているものは本当に少ない。それは仕方ないのです。こうした概念は企業としてのノウハウだから。だとすると、まずデジタルの活用を議論する前に、やるべきことがあると思います。

13　店外催事依存からの脱却

個人営業部門の働き方は、どうしても催事を中心にしたものになりがちです。商談単価が法人との取引とは違い数十万～数百万円なので、全ての案件を管理できるわけもなく、管理すること自体、効率が良くない。催事動員とは典型的なプロダクトアウト型の商売で、恐らく今後はこういった売り方は難しくなっていくでしょう。

B to Bマーケティングには、「LEAD（発生案件）」という概念があって、成約に向けて進捗管理するようになっているそうです。これはB to Cにおいても参考にすべき考え方だと思います。大きな商談は計画的にステップアップしていくことで成約の精度は確実に高まることは間違いありません。個人営業では、関係性を深める活動の中でお客様の方から投げかけられる商談も多く、扱者が取引先との間で繰り返し打ち合わせをおこない、お客様に提案し成約に結びつくという商談はそれほど多くないかもしれません。しかし、個人営業部門の売上高を拡大していくならば、こうした取り組みは強化する必要があります。

こうした活動の精度を高めるためにはどうすれば良いのか？　既に述べたように、配偶者の誕生日、〇〇婚式、お嬢様の就職・ご結婚、孫の出産……等のオケージョンは必ずあります。今は、こうしたオケージョンを活用した商談づくりが扱者に委ねられてしまっている。扱者は本当に忙しくて、それどころではない。だからこそ、扱者支援の体制をつくり、見込み客を発見し、一緒になってアプローチしていく。こうしたマーケティング機能があれば成約件数は確実に増えていくはずです。また、この機能では、日々の営業日報を確認し、成功パターンをフォーマット化していく作業も担います。既に述べましたが、「初孫が生まれたのでお嫁さんにカルティエのネックレス（数百万円です！）」なんて、嘘みたいな商談が私の現役時代にも複数回ありました。こうした事例を積み上げていくことができれば、催事依存の働き方からも脱却しつつ、売上拡大を図ることが恐らくできるでしょう。

14 顧客引き継ぎルールの徹底

部内の担当替えや人事異動・退職等による顧客の引き継ぎは避けては通れません。お得意様営業における引き継ぎのルールは次のように設定すべきと考えます。

a 担当するエリアが変更になる扱者は、担当顧客を当該エリア担当に全て引き継ぐものとする。

b 但し、担当顧客の中に、当該エリア外の顧客がいる場合には居住エリアの扱者に引き継ぐものとする。

c なお、顧客の強い要望等、既存扱者からの変更が顧客離反を招くことが想定される場合には部門長の承認を前提に現扱者が引き続き担当することを認める。その場合でも、３名※を上限とする。

※３名は仮置き。極力０に近いことが望ましい。

ｄ　現扱者が異動転出や退職の場合も右記ａ、ｂに準じる。

実態としてお得意様営業のエリア制は、２０００年代後半以降、担当者同士の話し合いに基づく引き継ぎが横行し、形骸化していきました。効率の良い「関係性深化」活動のためには、顧客が地域的に集中していることが必要であり、結果として宅訪活動が停滞していってしまった経緯があります。

もちろん、扱者側の都合ではなく、扱者の努力を評価され、帳場前主から友人知人等、売場から上得意客をご紹介頂く場合もあり、その場合には引き続き担当することはエリア外であってもやむを得ませんが、エリアを離れる際にはルールに基づいて対応することです。

いずれにしても、こうした問題を生じさせないため、マネジメントラインが強い意思をもって右記ルールを徹底していく必要があります。

15　顧客戦略の推進機能

売上高拡大のためには、まず既存顧客に今まではお買い上げのないカテゴリーの商品やサービスをご購入頂くこと、さらに新規顧客を獲得していくことが必要です。そのために、扱者に対して「新しい商材を売り込んで下さい」とか「新規のお客様を獲得して下さい」と指示を出すのですが、なかなかうまくいきません。扱者は既存のお客様対応で既に忙しいこともありますが、新しい商材は「説明ができない」「売れた後のフォローができない」等で、実際には積極的にアプローチしない実態もあります。また、新規顧客獲得も、既存顧客からのご紹介をお願いすることはできるのですが、やはり限界があります。

顧客戦略は、企業全体、店舗全体で取り組むべきことであり、個人営業部門単独でできるわけではありません。売場、各営業部（商品担当部）スタッフ、店舗後方スタッフ、そして個人営業部門等が有機的に連携していく

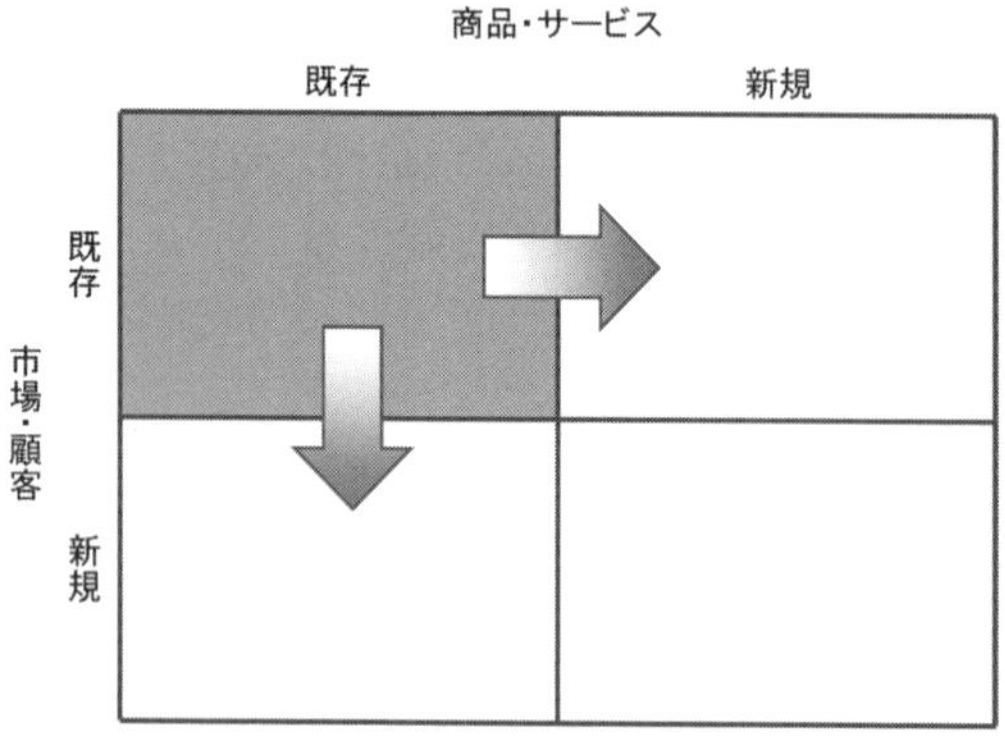

図3

ことが重要です。図３で言えば、既存顧客に新しい商材をご紹介する活動には、扱者に代わって商品説明をする役割やアフターフォローをする役割が必要ですし、新規の顧客獲得に向けては「優良顧客」を積極的に紹介する売場の役割が大切になります。

こうした顧客戦略推進上の役割分担の概要を整理すると次のようになります。

(1) 売場

- 売場における顧客づくりの推進（一見客→リピーター→売場のファン）
- 個人営業部門が担当する顧客に対する心のこもった丁寧なおもてなし（少なくとも名前で呼ぼう！）
- 個人営業部門が担当する顧客を接客した際に得られた情報の扱者への提供
- 個人営業部門扱者への商品・イベント情報の提供
- 潜在的な優良顧客の発見→個人営業部門への情報連携

(2) 各営業部スタッフ

- 個人営業部門扱者が関わる個別催事計画の立案
- 個人営業部門扱者への商品勉強会、催事企画説明会、催事下見会の運営

■個人営業部門スタッフからの問い合わせ窓口

(3) 店内コンシェルジュ

■店内情報の収集
■来店顧客のご案内
■対応顧客からポテンシャル顧客の発見、個人営業部門への情報連携

(4) 店舗販売促進スタッフ

■店舗における「優良顧客」育成プログラムの策定と改訂
■個人営業部門扱者が関わる半期の催事計画立案
■特別ご招待会等、全館催事等の企画立案・運営
■各営業部スタッフと個人営業部門スタッフ間の調整

(5) 個人営業部門スタッフ

■扱者による基本的営業活動推進の支援
■企画や総務庶務関連の連絡事項の部内発信
■勉強会・説明会・下見会の準備と運営支援

- コミュニケーションツールの作成
- 個人営業部門内の各種相談窓口
- 各営業部への問い合わせ窓口

やはりキーになるのは個人営業部門スタッフになります。部門のトップは定期的に交替します。それでも基本的な働き方を継承し、その徹底を図っていく。トップが短期的な業績確保のために個人営業部門の使命を正しく理解していなかったり、主旨に合わない指示を出したりした時には、正しい道へ引き戻す役割を果たさなければなりません。最近は、「挑戦」「変革」と言った単語を使って、既存の枠組みを壊すことに血道を上げる風潮があるようですが、戦略も描かず、「壊す」だけでは墓穴を掘っていると言わざるを得ません。こうした根拠なき「改革案」を止め、あるべき戦略に導く役割を果たし得るスタッフ機能は、しっかりと確立すべきでしょう。

店舗後方スタッフは、店舗全体での「優良顧客」育成の全体像について正しく理解し、個別売場における「顧客づくり」、複数売場連携の「顧客づくり」、個人営業部門を含めた「顧客づくり」の設計図を修正、追加していくことが重要な役割になります。併せて個人営業部門と各営業部がしっかりと連携できるよう常に気を配っていくことが求められます。

部門スタッフ機能も店舗スタッフ機能もマーケティングの様々な用語やフレームワークを使

いこなすことができる人材であることが本当は必要です。しかし、こうしたマーケティング人材は一朝一夕には育たない。経営の中にもマーケティングが分かる人材は本当に少ない。しかし、これからの時代は、こうした人材を育成・確保し、マーケティングのチームをしっかり作ったところが勝ち残っていくはずです。なぜならば、商品やサービスでは差がつかない時代に既に突入しているのですから。〝アマゾン・エフェクト〟は百貨店業界にも襲ってきているのです。

16　求められる営業人材像

戦略の目標を「優良顧客の育成・確保を通じて中長期的に高い業績を実現すること」とした時に、必要な営業人材像とはどんな人なのか。ハイパフォーマー集団のことなのでしょうか？ハイパフォーマーの育成・確保には時間と投資が必要なことは言うまでもありません。加えて、退職等によって欠員が生じた際に容易に埋め合わせることができない。企業状況によって、部門の人数は常に変動しており、ハイパフォーマーを求めることは合理的ではありません。もちろん、ハイパフォーマーの存在は有効だが、戦略の前提に置くのはリスクが高い。

むしろ、通常の百貨店業務が遂行できる人材（といっても笑顔ができない人では困りますが）が良いのです。決められたら活動を愚直に実践できる人が相応しい。過去に営業の仕事を担当した方でも良いのですが、自分の方法論を曲げない人は難しい。仮説検証を繰り返し、活動の精度を上げていくためには、決められた活動を真面目に実践してくれる人が相応しいのです。その意味では、分からないからこそ決められた仕事を愚直に実践する営業経験のないメンバーが適任なのだと思います。しかし、お得意様営業の活動を継続していく中で、結果としてハイパフォーマーは誕生しているのです。

17　経営のリーダーシップ

最後は、経営のリーダーシップです。「顧客戦略」が実際に稼働するのか、まさしく「画に描いた餅」になるのかは、この1点にあります。２０００年代のお得意様営業の特筆すべき成果は、推進役となった「帳場プロジェクト」メンバーの努力とその時の店経営、企業経営の理解と支援がなければ実現しませんでした。店経営は、日常的に各営業部のリーダーにお得意様営業への協力を呼び掛け、企業経営は日本橋三越における顧客政策の成果を高く評価し、企業全体に発信し続けたのです。

今、まさに商品やサービス、店内環境では差別化ができない時代にあって、百貨店が生き残っていく最大のポイントは「顧客戦略」にあると考えます。「顧客戦略」は一朝一夕には描けず、その成果は今日明日には見えないかもしれない……しかし、半年、1年後には必ずお客様からのお喜びの言葉を伴って成果となるはずです。部門の責任者としては今日、今週、今月の売上を追うことは当然です。しかし、それだけはない。競争優位の仕組みを築き上げる活動は、店経営や企業経営としてのリーダーシップしかあり得ない。私はそう思います。

第3章　帳場制度の歴史

これまでの章では、日本橋三越のお得意様営業を中心として、その働き方の現状と「顧客戦略のあるべき姿」を述べてきました。この第3章では帳場制度の歴史を振り返ります。三越に働く従業員にとってはある意味で〝空気〟のようなもので、改めてその歴史を探ってみても記録が極めて少ないのが実態です。数少ない記録を拾い、若干のコメントを付け加える形で、その実像を少しでも明らかにできればと思います。

1　「帳場」の意味を考える

三越の歴史を振り返ってみた時に「帳場」という単語は、様々な意味で用いられているため、その意味を正しく捉えないと誤解を生じる恐れがあります。

『広辞苑』を引くと、「商店・宿屋・料理店などで、帳付けまたは勘定などをする所。勘定場。会計場。」とあります。つまり、掛売の台帳を記入しているところを意味する言葉です。これが、「掛売のお客様」の意味に転じ、「上得意」を表す意味となり、「特定の決済手段を認められたお客様」、「帳場カードを持つお客様」へと変化してきました。つまり、上得意客に対するおもてなしや決済手段が「帳場」と名付けられ進化してきたと言えます。現状では、決済手段としての帳場カードは、カード特典では一般のエムアイカードとほぼ同等であり、優待が受けられないラグジュアリーブランドや絵画や呉服等の高額品を購入する際には、メリットの大きい銀行系のクレジットカードや現金でお支払いになるお客様が少なくないのが実態です。

2 「売帳場」の設置

「帳場」が固有名詞として登場したのは、いつなのか？ 1757（宝暦7）年以前の江戸本店《ほんだな》（現在の三井本館）の平面図には、売場の奥「勘定場」の向かいに「売帳場」という文字が見えます。『史料が語る　三井のあゆみ―越後屋から三井財閥―』（三井文庫編　吉川弘文館　2015年）から一部引用します。

様々な部署

店内には売場だけでなく、得意先回りをする屋敷方、事務を行う売帳場や勘定場、加工等を行う誂方など、営業に関する部署があった。

（中略）一九世紀の狂詩集である『江戸名物詩初篇』に「両側一町（約109m：引用者

註)、三井が店《たな》、小僧判取り、帳場遥なり」という詩がある。前半では江戸本店（三井本館側：引用者註）と対面の向店《むこうだな》（三越側：引用者註）とをあわせた駿河町の越後屋の威容を詠み、後半では判取り（金品を授受した証として証印をもらうために歩きまわること）の小僧の向かう帳場は遥か遠くにみえると表現して、広大な店内を描いている。

（27頁）

金銭授受に関わる事務係であることがうかがえます。
この書の中で重要な指摘がもう1つあるので、併せて引用しておきます。

「店前売」の徹底

三井の呉服部門である三井越後屋（以下、越後屋）では「現金掛け値なし」の商法と「店前売《たなさきうり》」をモットーに商売をしていた。店前売とは店頭販売のことで、現金売を原則としていた。一方、江戸時代の一般的な取引は掛売（ツケ）だった。これは踏み倒しのリスクがあり、越後屋では避けたい商売だったが、近世では一般的な商売慣行ゆえに掛売での販売も少なくなかった。

（26頁）

「現金掛け値なし」を掲げているとは言え、やはり掛売は継続していたのです。但し、一般的には現金取引による正札販売（掛売よりも廉価での販売）であり、掛売は一部のお得意様に限られていたと思われます。

3 「帳場係」の設置

『株式会社三越100年の記録』（以下、『100年史』）によれば、「帳場係」という役割が最初に任命されたのは1897（明治30）年です。業績が低迷していた三井呉服店の建て直しのため、1895（明治28）年に三井銀行大阪支店長から理事として迎え入れられた高橋義雄は、ブルーミングデール、ワナメーカー、メーシー等米国百貨店の調査も踏まえ、次のような改革を行ったとの記録があります（高橋潤二郎著『三越三百年の経営戦略』〈サンケイ新聞社出版局 1972年〉以下『三百年経営戦略』59－62頁）。

(1) 座売りの廃止（1895年11月）：店内を明るくし、ガラス張りのケースに商品を陳列して売る陳列販売方式へ

(2) 意匠部の設置（1895年12月）：新しい呉服模様の開発

(3) 会計と店内組織の改組（1895年）：大福帳を改め洋式簿記の導入、職制を定めて

執務分担の明確化

特に「⑶会計と店内組織の改組」に関して、『１００年史』では以下の記載があります。

明治30年４月、本店と大阪支店に帳場係が設置され、帳場前主の売掛金勘定、商品の受渡業務などを行った。

（34頁）

明治32年施行の『三井呉服店営業規則』では、職務章程を定めて各部の権限と責任を明示している。このうち一部を引用すれば以下のとおり。

第21条　計算係ハ左ノ事務ヲ掌ル
1．諸勘定及ヒ帳簿整理ノ事
2．諸計算表諸調書調製ノ事
3．事業報告ニ関スル事
4．支払済證書手形類保管ノ事
第30条　帳場係ハ左ノ事務ヲ掌ル

1．掛売ニ属スル商品ノ出入ヲ精査シ之ヲ記帳スル事
2．売掛代金及ヒ代金品物引換ノ勘定ヲ整理スル事
第31条　出納係ハ左ノ事務ヲ掌ル
1．金銭ノ出納及ヒ保管ニ関スル事
2．商品切手ヲ調整スル事
3．貴重品保管ノ事

（38頁）

これを見ると、「帳場係」とはいわゆる「扱者」ではなく、お得意様の台帳管理の事務方であったと思われます。

4　「お得意様の通帳」～台帳管理～

1905（明治38）年1月2日、全国主要新聞各紙に1頁広告が掲げられました。「デパートメントストア宣言」です。その前年1904（明治37）年に専務に選任された日比翁助は、高橋義雄を引き継ぎ様々な改革を推進していきました。その一環として帳票の見直しがあったようです。

> 其前より帳簿なども簿記法によって昔の大和綴の大福帳を改正して居りましたが、明治四十一年に濱田四郎氏を歐米に出張させ、デパートの組織及帳簿等を研究しましたので、帳簿伝票等これが各方面の参考となって居るものが少くありません。四十二年には元帳をカード式に改めました。お得意様の通帳を横洋紙にして洋数字に書くやうにしたのも此頃でしたが、御得意の内に横文字では解らないから、元の日本紙の通帳にしろと云ふ御客も少くなかったのです。
> （小松徹三編『日本百貨店総覧第一巻　三越』〈百貨店商報社　１９３３年〉以下『百貨店総覧』54頁）

「お得意様の通帳」とは、お得意様の売掛台帳だと思われます。お買い物のたびに台帳を持ち出し、明細を書いていたのでしょうね。

5 「外売係」～配送サービス～

お得意様のお買上品は、ご自宅まで無料にて配送していたようです。この点は「……三越は客の取扱に不公平を行って居る。掛売に厚く、現金売に薄いのは、だうしたものだ。それは頭の上げ下げや、ペコツキ加減をいふのではない。掛売配達附と、現金持帰りの直段《（ママ）》が同じだから、イケぬといふのだ。」（『経済雑誌ダイヤモンド』１９２７年6月21日）という批判もあったようなので、一般にも知れ渡っていたようです。いずれにしても、こうした掛売顧客がお得意様であったと思われます。こうしたお得意様の対応の様子に関する記述がありましたので、少々長いですが、抜粋します。

私達の仕事は、お客様が店で御買求めになった品物を間違ひなく、急速に御届けする事が主で、尚旧来からの御得意様へ御用命を伺ひに出る掛りと併せて居ります。以前不便な時代は、お客様は旅館に滞在して居て「何々を持て来てくれ」と御用命になれば品物を持参し、御家庭でも同様の状態でありましたが、今日では三越も、御家庭の御慰安所といふ意味で、御出ましを願ふので、此点は余程減少される様になりました。而しながら所謂外売りの売上げ高に於ては其以前盛んであった頃と少しも違ひない状態にあります事は三越総体の膨張に伴ふものであらうと存じます。

扨《さて》、店でお求めになりました品物、或は冠婚葬祭に関する御配り物といふ様なものが、些のお手数も労せず、安全且つ敏速に夫々御指定の場所へ御届け出来る事は、百貨店が自発的の奉仕観念に立脚致しましたものでありましたが、其範囲の拡張に連れ、いろいろ面倒な問題が起り、遂に百貨店自制案※といふものの制定となり、所謂無料配達区域の制限となったのであります。今当三越の配達数を調べますと、大正十四年には僅に百二三十万でありましたものが、唯今では三百万個以上に達し逐年激増の傾向を示して居ります。之れは主として旧郡部、即ち新市内への居住者の激増に比例するものでありまして、殊に此機関を御利用されるお客様が逐日増して行く現象に外なりません。……

（『百貨店総覧』１５２頁）

※百貨店自制案：１９２９（昭和４）年秋、米国で起こった世界恐慌が、１９３０（昭和５）年金輸出解禁も契機として日本へも波及し、いわゆる昭和恐慌（１９２９－１９３０年）を引き起こした。その不況下で小売業を救済するため、百貨店業界としても営業の自制を行ったもの。

「外売係」の役割として「御得意様へ御用命を伺ひに出る」ことが挙げられています。お得意様に対する手厚いサービスが垣間見える記事です。

６　「帳場票」の発行　～帳場制度の実質的スタート～

これまでの記述は、お得意様に関するものであり、「お帳場制度」ではありません。

お得意様に対する掛売は、第二次世界大戦前後の一定期間は機能していなかったものと推測されます。

第二次大戦の結果、社会・経済の混乱によって、それまでに形成されていた社会・所得階層が破壊され、安定した個人信用の把握が不可能もしくはきわめて困難となったが、この時期には、売手市場環境と相まって百貨店の取引は現金売がほとんどであった。その後社会秩序も漸次安定して新しい所得階層が定まり、経済事情も好転して信用経済の基盤が固まり、一方買手市場になるにしたがって現金購入の顧客を自己に固定させるため、会社等の法人に対する掛売と並んで、昭和二七、八年頃よりようやく個人に対する掛売が百貨店の商売に積極的に採りいれられるようになった。しかしこの掛売は元来個人信用を基礎とするものであるから、貸倒れの危険負担率を考えると、信用を供与しうる対象は特定の個人顧客に限られる。したがって現在の信用制度のもとにおいては、掛売の対象となる個人顧客層の増加にはおのずから限度があるといわねばならない。

（中略）アメリカの百貨店においては、「顧客に対する掛売はかつてはやっかいなものだったが、その後特権となり、今では必要欠くべからざるものとなった」。顧客は二種類しかない。すなわち、「自分の顧客」と「競争者の顧客」である。掛売の顧客こそは自分の顧客であるという考えから、よい顧客、固定客を増加させる手段として信用供与を積極的に行い、売上を促進することによって他のいろいろな形態の小売業との競争に対抗しようとする動きが強い。掛売の顧客は「特売意識がなく、良い品物をより多く買ってくれるし、来店してくれるようにいろいろの宣伝をすることは不要で、むしろ自分の店に満足しているので、掛による買物の便宜と相まって習慣的に来店してくれる」からである。（松田慎三・坂倉芳明著『〈日本の産業〉シリーズ７　百貨店』〈有斐閣　１９６０年〉88－90頁）

これは、当時㈱三越営業本部部長であった坂倉芳明氏（１９８６年3月－１９９５年5月：㈱三越の社長）の執筆部分であり、米国の百貨店の記述の形態を取りながら、掛売顧客の重要性を述べたものとして理解できます。

なお、制度として「帳場票」と呼ばれる個人掛売の仕組みが出来上がったのは、１９５３（昭和28）年になります。「帳場制度」が仕組みとして明確に機能していることが史実として明確なのはこの時点からです。その運用方法は、扱者名、記号、番号を記載した「帳場票」と呼ばれるものを予めお客様にお渡ししておき、お買い物の際にはご署名を頂き、売場に保管する顧客台帳と照合して確認した上で、決済をするものだったようです。この「帳場票」には扱者が記載されていることから、扱者制度があったことが分かります。

その後、１９６０（昭和35）年には「クレジットシステム『帳場票による売掛制度』」が導入されたとの記述があります。

昭和35年12月、三井、第一銀行との提携により発足した新しいクレジットシステム「帳場票による売掛制度」は、本年（１９６１年：引用者註）になってさらに充実し、１月に住友、５月に北海道拓殖、６月に神戸・七十七と全国に拡大した。この売掛制度は三越の伝統の帳場制度と銀行の信用保証を組み合わせた三越独自の方式で、銀行主導型のクレジットとは一線を画するものである。顧客が銀行に買物預金（１口10万円、５万円）することによって三越の帳場前主として買物ができるシステムで、キャッシュレス時代を迎え、百貨店と銀行がそれぞれに機能を分担した意義は大きい。

（『１００年史』２０１頁）

決済手段としては、買物預金を担保とした仕組みであり、今のクレジットカードの機能とは異なります。10万円と5万円ではカードの色が異なったようです。

なお、この１９６１年８月期決算から１９６７年８月期決算まで８期の間、百貨店業界売上高日本一の地位は大丸に移っていました。１９６３（昭和38）年３月には三越の「中興の祖」とも呼ばれる岩瀬英一郎社長が在任期間中に逝去され、松田伊三雄常務が社長に昇格。日本一の地位を奪還すべく、「期末特別大奉仕」の定例化や店舗網の整備（１９６３年11月仙台店増改築、64年10月本店南側増築、65年10月新宿店増改築、68年７月枚方店開店、68年10月高松店・銀座店増改築、70年３月札幌店新館増築）等、売上拡大に向けたアクセルが踏まれていく時期になります。この時期に才覚を表したのが、岡田茂でした。

7　岡田茂社長時代

松田伊三雄社長は、営業の実務に関しては口を挟まない主義のようで、岡田茂（1968年3月－69年4月銀座店長、69年10月－72年9月本店長）等に委ねていたようです（『三百年経営戦略』181頁）。

この時代の帳場制度に関する記述があるので、記載します。

○『お帳場制』で大型商売

三越の販売促進のもう一つの特色は「お帳場制度」である。百貨店が一定の収入、財産のある常得意先に対してクレジット・カードを配布し、顧客はそのカードを持参することによって信用供与を受けるのだが、三越の場合は、一人の顧客に必ず一定の店員がついており「お帳場の扱い者」として、マン・ツー・マンのシステムをとっている。

顧客の家族の結婚式となると、式場の確保から着物、新世帯の道具、土地、建物、新婚旅行のプランづくりまで、マン・ツー・マンのトータル販売をやる。顧客は三越という親舟に乗った安心感で結婚式に臨むというわけだ。

このお帳場制の特色は、従来の百貨店ではなかなか売ることができなかった大型商品である別荘地、マンション、自動車、ゴルフ場の会員権などが比較的抵抗なく販売できたことだ。フジタ工業と提携した那須の別荘地、国土開発と提携した軽井沢の別荘地をはじめ、最終募集四五〇万円という千葉県・鶴舞カントリー倶楽部の会員権も数日のうちに売りつくしている。

岡田社長は、さらに一人一人がマン・ツー・マンであるべきだ、と四十四年（1969年：引用者註）、本店長に就任すると同時に、〝全社員セールスマン運動〟を展開、個人別の表彰、部門別の表彰などとり入れて一種のセールスコンテストをやっている。

（針木康雄著『三越商法とダイエー商法』〈日本実業出版社 1972年〉143―144頁）


この『三越商法とダイエー商法』が出版された1972（昭和47）年4月には松田伊三雄社長は会長となり、岡田茂専務が社長に就任しています（松田伊三雄会長は同6月に逝去）。この1972（昭和47）年に小売業日本一の地位をダイエーに奪われています。恐らく、このような環境の下で売上高の拡大に強い執念を持っていたはずです。

しかし、1973（昭和48）年の第4次中東戦争を契機とした第1次石油危機によって、景気は一気に落ち込むことになります。高級路線を志向していた三越はその影響を強く受け、百貨店業界の中でも厳しい業績を強いられることになります。その当時の記事です。

……岡田社長がひきいる三越の営業成績は上昇の一途だった。もっとも不動産、絵画、貴金属が飛ぶように売れた昨年（１９７３年：引用者註）の好景気ムードがそれに貢献したともいえるが――。「さすがに宣伝の岡田だけあるよ」業界関係者は、その運と実力にシャッポをぬぎかけていた。

それが昨年末からがらっと様相を変えた。政府の総需要抑制策の浸透で、三越をはじめ百貨店全体がどん底状態にはいった。ことに三越の売上高は伸び悩んだ。たとえばこうだ。今年４月大阪の全百貨店の売上高は、対前年同期比17・３％増だったのに対し、東京のそれは８・９％増と、その差は８・４％もあった。

東京の全百貨店の売上高が低迷しているのは、三越の不振のせいだとする意見が強い。三越の都内４店（日本橋本店、銀座店、新宿店、池袋店）の売上高は、都内百貨店の売上高の約２割を占めている。三越の動向が都内全百貨店の売上高に影響するのは事実。今年４月時点の三越の都内４店の売上高前年同期比は、日本橋本店が７・３％増、銀座店が４・７％増、新宿店、池袋店にいたっては、３・８％減、11・５％減という状況。どれも都内百貨店の平均売上高伸び率よりも低い数字ばかり。

（中略）昨年末のオイル・ショック以後、三越は大々的に生活必需品のセールをうち出した。ファッションイメージを優先していた三越としては１８０度の転換といえる。「時の流れにそったまで……」（池田俊一・新宿店店長）と関係者はいうが、消費者がとまどったことも事実だろう。安いものを求める主婦は、われ先にと生活必需品セールに殺到した。しかしファッション衣料などを高級イメージで三越で求めていた昔からのおなじみさんは、ひとり、ふたりと去っていった。岡田社長の進める大衆化という名に背を向けて——。

生活必需品といえば、しょせんは日常品。安いから売上高は上がらないし、付加価値も低いのでうまみがない。こんな商品を数多く並べるようでは三越がスーパー化したといえないこともない。実際、業界の内外から批判も出ている。

「生活必需品は、お客さんの生活レベルによって、その内容や幅も違ってくると思う。結婚を間近に控えた人にとっては、ダイヤモンドも生活必需品になる。三越としてはそう考えている。だから単なる日常品とは違う」（田辺寿・本店次長）

ところがそうなると生活必需品の範囲は、おそろしく大きくなる。そんな商品政策を、全売場にとり入れたためだろう。店内はかつてのスマートさ、明るさが消えて、都内4店を見るかぎり、なにか最近はゴタゴタしている。

百貨店といえば買物場所であると同時に、憩いの場である。今日の三越の姿はほんとうに消費者の求める百貨店像なのだろうか？

「別に三越はいまでも生活必需品志向だけではない。ファッション志向もする2極化路線をしいている。たまたまいまの時期は、生活必需品のウェイトが高いだけだ。ファッション商品は、ショップ・イン形式でやっている」（田辺・本店次長）。

客のまばら（？）なファッション売場を除いて、なんともがさつになった三越の店内。少なくともトップ企業の貫禄はそこにない。

（『週刊ダイヤモンド』〈１９７４年７月６日〉44－45頁）

この不況に対応して、生活必需品のセールを打ち出し、売上高確保を図るというある意味で柔軟な営業姿勢なのですが、そうした営業のあり方に対して世間の目は厳しかったということだと思います。

１９７３（昭和48）～１９７４（昭和49）年は、政府の総需要抑制政策にもかかわらず、物価の上昇に歯止めがかからず、２桁の物価上昇率を記録。１９７５（昭和50）年には物価上昇率も１桁台に収まってきたこともあり、長引く不況からの脱却を目指して景気対策が講じられ、75年３月を底として景気回復期に入りました。しかし、経済成長率はそれ以前の高度成長の半分程度に留まり、景気回復とは言え、実感が伴わないものであったようです（内閣府経済社会総合研究所）。

こうした中で、三越全店の業績は１９７５（昭和50）年12月からプラスに転じたことが報じられています。その要因としては、景気が回復に転じたことが最も大きいようですが、三越の主体的な取り組みとしては４つ挙げられています。

(1) 特選売場の充実など、高級商品中心とした商品政策
(2) 仕入本部の強化（仕入担当の増員〈４００↓４４０名〉等）
(3) 新店舗建設をやめ、償却範囲の投資
(4) 借入金返済による財務体質の強化（無借金経営へ）

（『週刊ダイヤモンド』〈１９７６年5月8日〉82－84頁）

この時期、伊勢丹は松戸店開業（74年）、髙島屋は玉川髙島屋の拡張（第2期75年10月、第3期77年10月）、岐阜髙島屋・高崎髙島屋の開業（77年）等が見られますが、三越は売場面積拡張競争には与せず、既存店舗での業績向上を目指していくことになりました。低成長時代を見据えた経営戦略の転換とも言えますが、結果として売上拡大の圧力は内部に向かうことになりました。

8 売場別売上管理制度

帳場制度のその後の歴史を語る上で避けては通れない問題が「売場別売上管理制度」です。三越の業績管理の基本単位は「品別」と呼ばれ、課長（１９９２年～マネジャー制）をリーダーとするチームのもと、特定の商品カテゴリーの人と商品を管理していました。「品別」に

は便宜上3桁の番号が振られており、例えば、呉服特選売場は#004、紳士既製服#010、婦人ファッションパーツ#047、寝具#009、和洋菓子#083等と表記しました。

実は、帳場前主の扱者は売場社員が中心であり、お得意様営業部が設立される1998（平成10）年までは帳場前主を担当する専門部隊はありませんでした。そのため、帳場前主が来店するとその都度、売場の扱者は「前主案内」と称する店内アテンドに行きました。扱者が所属する「品別」の社員は、上位の帳場前主ともなればみんな顔と名前が一致。ご来店時にご挨拶することはもちろん、扱者不在時には代行でアテンドしたり、お届けの荷物が多い場合には一緒にご自宅まで伺ったり等、チームとしてのおもてなしをしていました。帳場前主のお買い物はもちろん、担当「品別」以外のお買い物のお手伝いも少なくありません。

こうした販売活動を評価する仕組みとして、設定された業績指標が「売場別売上管理制度」（通称「売場別」または「場別」）です。「品別」売上は、#047ならば婦人ファッションパーツの商品売上高を意味しますが、「売場別」売上は当該売場のメンバーが関わった売上であり、その中身は自分たちで売った婦人ファッションパーツの売上（自部自品別）もあれば、呉服や宝飾品等他部門（他部他品別）もありました。各課長に求められる売上目標は、「品別」売上高と「売場別」売上高の2本立てであり、これが社員数減少の過程で、三越の店頭営業力を損なっていく大きな要因になります。「売場別売上管理制度」は、その制度の主旨からして帳場前主以外にも適用され、各売場のメンバーが中元・歳暮の注文を頂けるお客様を抱え込んだり、友人知人の仏事の注文を取りに行ったり等の活動が横行するようになり、それぞれの売場の仕事を後回しにして売場別売上づくりに励むようになりました。マネジメントの意識としても「品別売上がダメならば、売場別予算を達成しよう！」となり、ますます売場運営の精度が下がっていく結果につながりました。さらに、1984（昭和59）年8月に津田尚二が本店長に就任して以降、業績向上施策として「店外催事の本数拡大」「帳場口座数の拡大」「売場別売上管理制度の運用強化」を掲げた結果、社員の店頭在席率は大幅に低下していったのです。

その当時、日本橋三越における帳場前主の数は約3万口座。「数が多くなりすぎると十分なおもてなしができなくなる」との判断から維持してきた厳格な審査基準を大幅に緩和した結果、5年後の1989（平成元）年には約7万口座にまで急激に拡大していくことになります。特に、新たに三越前駅まで延伸した半蔵門線（二子玉川・田園調布・青葉台等を通る東急田園都市線に乗り入れ）沿線の医師、弁護士、税理士等へは、発行したカードを持って「ぜひ三越をご利用下さい」と配って歩くという積極的な活動を実施したこともありました。こうして新たに帳場前主となったお客様は若手社員に割り当てられましたが、元より店外催事等によって売場の在席率は低いことから、挨拶さえできず、扱者制度が実質的に機能しない状況に陥ってしまったのです。

さらに、売場別売上拡大施策として、毎月のように絵画・宝飾・毛皮等が「推奨品」として販売拡大を求められ、店外催事のDMが強制的に社員一人あたり5枚、10枚と割り当てられ宛名書きを求められることもありました。こうして、帳場制度は形骸化していきました。

この頃の様子について、ヒアリングから抜粋して記載しておきます。

○柴田晴夫さん（１９７０年入社　日本橋本店洋品部配属、99年3月同お得意様営業部配属、２０１７年2月退職）

洋品部と一緒になった婦人用品部では、異動・転出された扱者の帳場前主を約１００口座程度引き継いだが、基本的には書類だけで、こちらから挨拶した前主はほとんどいない。顔の見えるお客様は1割程度であったと思う。顔馴染みになった企業の関係者10名に帳場制度の説明をして、自分扱で帳場会員になって頂いた。その方は他部へ異動しても担当していた。おそらくその当時にも「帳場前主を新規に獲得するように」との指示があったと思う。他の社員はもっと帳場前主を抱えていたと思うが、自分は売場の仕事で目一杯だったので基本的には外出はしなかった。しかし、雨の日は「売場にいてはいけない！」という雰囲気があった。売場はベテランの取引先派遣社員や女性社員がおり男は店頭には居なくても運営ができたので。とは言え、売上のできる目途がない外出も多かった。

（１９８２年以降）各営業部には家庭外商チームがあった。これは帳場前主だけでなく、様々なお客様に対して、毛皮や宝飾品等を売っていた。担当の取引先が付いていて、自動車に乗せてもらってお客様のところへ回っていた。こうして、売場別売上を作っている社員の評価は高かったと思う。

○加藤壽さん（1978年入社、日本橋本店婦人子供用品部配属、2011年3月お得意様営業部配属）

1982年婦人用品部に家庭外商チームができて3名が任命された。そこに自分も配属された。売場にいなくて良いので、外に売りに行くことが仕事。月の予算は500万円で、基本的には自部門の商品を売ることが中心だったため、毛皮が多かった。宝飾品は取引先が車に乗せてくれた。自分たちの帳場前主に売りに行くというより職域販売が多かった。銀行の従業員食堂等に商品を持ち込んで販売した。みんなが見ている時は見て見ぬ振りだが、後でそっと買いに来るお客様がいたりして、意外にも売上は良かった。

部門スタッフの先輩が異動・転出するので、その帳場前主を100口座程度引き継いだ。しかし、書類を渡されただけで、それ以上の情報がない。積極的に挨拶をしたのは5〜6人程度。上司から「このお客様だけは挨拶しておいた方が良い」と言われた方だけおこなった。

扱者が帳場前主にお会いしたことがない……本来の帳場前主へのおもてなしができない状況

が続いていたことが分かります。

また、扱者制度が実質的に機能不全に陥ったことへの対応として、1991（平成3）年にはギフト営業部に「地区営業」を設置し、外出のできない扱者に代わって中元・歳暮を中心とした年間ギフトの受注を行うとともに、新規顧客の獲得を図る動きがありました（第4章　資料編参照）。しかし、こうした活動は定着せず、本質的な対応は1998（平成10）年のお得意様営業部の設立まで変わることはありませんでした。

9　本格的なハウスカードの導入

1990（平成2）年3月から募集が開始されたハウスカードが「三越ファーストクラブ」です。「三越ファーストクラブカード」の『募集マニュアル』から読んでみましょう。

○「三越ファーストクラブ」の目的

消費者の価値観が多様化している中で前主の好みやライフスタイルを知らずにモノやサービスを提供することが難しい時代になってきています。これからは一人一人の「個」客の顔や姿を思い浮かべながらの商売が求められています。「個」客のニーズを知り、ハイタッチはサービスとアプローチを行う為には前主の買上情報が必要となります。そこで、より魅力のあるクレジットカードとして「三越ファーストクラブカード」を発行し、売場前主の固定化と売上拡大を図るのが目的です。

○「帳場」と「三越ファーストクラブカード」の違いについて

各ショップ、サークルで買上実績のある優良現金前主、他クレ（銀行系クレジットカード…引用者註）前主および新規優良前主で安定した収入のある20才以上の方には「三越ファーストクラブカード」をお勧めして下さい。「帳場」は扱者制度をベースとしたハイタッチなサービスが基本となります。従って三越で継続的に買上げがあり、社会的にも経済的にもステータスのある40代、50代を中心とした優良前主で、その方をよく存じ上げている場合「帳場」を申請してください。例えば初対面の前主が現金で１００万円の毛皮を購入した場合はすぐに「帳場」を申請せず、まず「三越ファーストクラブカード」をお勧めして下さい。又、各種団体や法人のメンバーを組織的に勧誘する場合も同様です。その後、前主とお馴染みになり、勤務先やご家族の様子もある程度把握できるようになった時「帳場」を申請して下さい。

（『三越ファーストクラブマニュアル』より）

三越ファーストクラブは、買回分析等から売上拡大につなげることを目指した本格的なハウスカードになります。自社債権カードか提携カード（ＪＣＢ・ＶＩＳＡ・ＭＡＳＴＥＲ）が選べるようになっています。また、単価５千円以上５％優待（一部除外品あり）の特典もありましたが、結果的に口座数は伸び悩むことになります。その理由の１つは帳場カードとの関係性にありました。説明の中でも「優良前主……」とあるように対象となる顧客像のレベルが高く、「帳場前主に準じる」ものを想定させてしまったこと。また、「売場別売上管理制度」が裏にあり、場別売上を確保するために扱者同様の働き方を求められてしまうことへの抵抗感があったこと等が挙げられます。結果として、幅広く加入をお願いする現在のようなクレジットカードとは位置づけられなかったと言えます。

こうした反省を踏まえ、１９９６（平成８）年3月に「三越カード」へ切り替えることになりました。「三越カード」では「みんな入って下さい」と幅広くお声掛けすることが行動基準になったのです。

その後、扱者制度の実態について経営の中でも課題が認識されるようになり、１９９８年度には帳場会員の新規募集の中止が発表されました。また、２０００（平成12）年3月に「三越ゴールドカード」が発行されたことを踏まえ、「帳場カードは三越ゴールドカードへ統合した方が良いのではないか？」といった議論もあったようです。

そのような状況の中で、１９９８（平成10）年3月、当時の松本健太郎本店長の指示の下、帳場制度の活性化を目的としてお得意様営業部の設置へつながっていくのです。

10　拡百貨店戦略・ゴルフ場開発の失敗

1986（昭和61）年に市原晃社長は会長に就任。後を引き継いだ坂倉社長は同年9月に『拡百貨店戦略』を打ち出しました。『拡百貨店戦略』とは「本業である百貨店の中身を時代に適応するよう強化刷新しつつ、その周辺の成長分野に活動領域を広げること。すなわち、三越が1兆円企業集団として『企業三越』に飛躍するため、百貨店本来の営業を強力にする一方で、新規事業の開発と事業の多角化を積極的に推進し、総合生活産業として、『くらしにかかわるすべて』を事業分野とする三越グループが百貨店を核にあらゆる生活分野への広がりを進めていくことである」（『100年史』266頁）とされています。

『拡百貨店戦略』には大きく3つの取り組みがありました。少々横道にそれますが、しっかりと記録しておくべきだと思うので、ご容赦下さい。1つは店舗への投資であり、具体的には池袋（1988年11月）・松山（91年9月）・新宿南館（91年10月）・仙台（92年10月）の増床及びサテライト店舗（郊外小型店舗）の積極的出店。2つ目は関連事業への積極的な参入であり、三越ハウジング（建設86年12月）・U. B. inc（輸出入代理店87年3月）・ハーティーミート（食肉卸売87年6月）・三越ブライダルエクセレンス（貸衣装87年9月）・三越レストランサービス（飲食87年12月）・三越カフェシステムズ（飲食89年3月）・三越スポーツエージェンシー（ゴルフ会員権売買斡旋89年3月）・プロネット（人材派遣業89年8月）・三越ワールドモーターズ（自動車販売89年９月）・天壇（飲食89年９月）・三越観光開発（ホテル90年４月）・十和田ブルーレークホテル（ホテル90年５月）・ＰＬＣジャパン（雑貨卸売90年５月）・レオドール商事（商事90年６月）・三正クレジット（金融リース90年６月）・三越倶楽部（会員制スポーツクラブ90年12月）・ＰＤＣ（雑貨卸売91年１月）・シュテルン川口（自動車販売91年２月）・レオマート（商品卸売業91年９月）・三越フィットネスクラブ（会員制スポーツクラブ93年７月）等の設立。３つ目は海外事業への進出であり、フランス三越パリ店新店（87年２月）・ドイツ三越ミュンヘン店（88年10月）・香港三越九龍店（88年11月）・上海三越（89年10月）・ハワイ三越ティファニーブティック（89年４月）・スペイン三越マドリッド店（90年４月）・北京三越レストラン（90年４月）・新光三越南京西路店（91年10月）・グアム三越（91年12月）・バルセロナ店（91年12月）・ドイツ三越ベルリン店（92年４月）・三越エトワール（92年６月）のオープンです。一定の役割を果たした店舗や企業もありますが、期待される利益貢献はできず、関連会社は一部を除き、早い段階で清算されています（※（）内は開業年月）。

そして、千葉県八街市でのゴルフ場開発問題が発生することになります。１９９７年度中間期において４４６億円の子会社損失引当金（子会社＝㈱レオ・エンタープライズ）として露呈し、パートナーである内野屋工務店の倒産にともなって事業の継続を断念し、ゴルフ場としての用地価格と素地価格の格差及び諸費用含めて約１１３億円（子会社損失引当金１０２億７９００万円＋貸倒引当金11億９００万円）を99年２月期において特別損失として

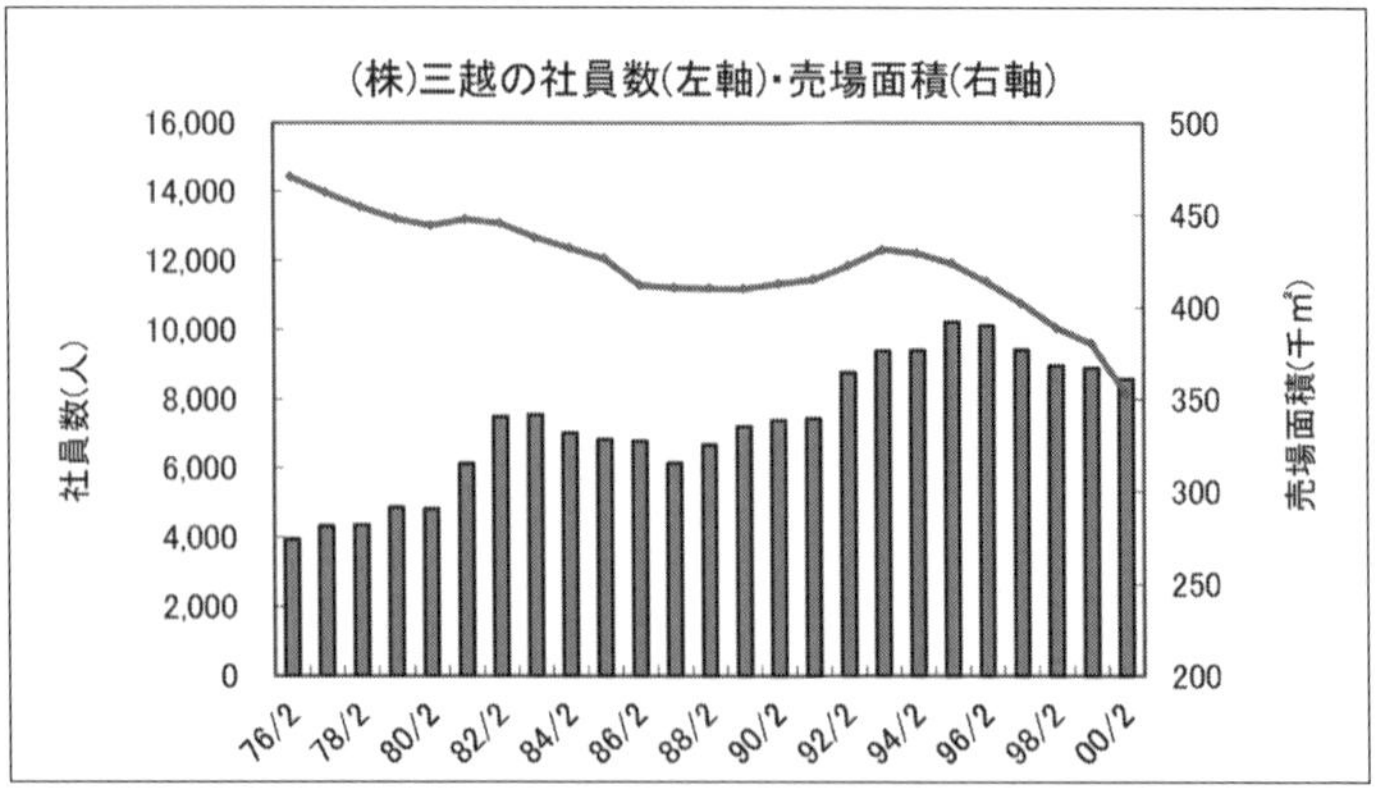

図４　〈参考〉㈱三越における社員数・売場面積

社員数のピークである1975年度からお得意様営業部が実質的に機能を始めた99年度まで。

計上。ゴルフ場開発事業にからむ損失の総額は５５０億円を超えました。

結果として、㈱三越は、『拡百貨店戦略』の後処理のために１０００億円を超える特別損失を計上することになり、財務状態は大きく傷つくことになりました。

全社の売場面積は拡大し、関連会社等が増える中で、多くの若手から中堅社員は転勤や出向が求められる状況でした。多額の投資にもかかわらず、利益貢献がないことから新規の採用も抑制され、社員数は漸減傾向（１９７５年度約1万４４００人↓99年度８１００人）にあったこと、さらに業績確保のために外へ打って出る策も相まって、売場は少人数運営にならざるを得ず、本来求められる帳場前主への対応はできない状況になっていったのです。

11　セールスマネジャー＝常駐バイヤー制度の導入

こうした環境の中で、売場は疲弊し、お客様へのサービスレベルも低下。売場の営業力を高めていくことの必要性も認識されるようになるのです。その施策の1つとして１９９７（平成９）年3月、日本橋三越に導入された「セールスマネジャー（以下ＳＭ）＝常駐バイヤー制」があります。

社員数減少で、外に打って出る施策以外にも、売場に所属するメンバーとしては催事準備やその後処理、用度品請求業務、納品返品作業、倉庫整理、品集め、伝票処理等々、様々な業務で売場を離れなければならない状況があったこと、そしてそれをコントロールしなければならないマネジャー自体も取引先との交渉や社内会議、書類作成等でほとんど店頭に立つ時間がないことから、売場におけるサービスレベルを上げようとしてもできない実態がありました。こうした実態を解消するため、マネジャーの業務から商品関連業務を切り離し、店頭における販売指揮を中心とした販売推進業務を最優先できる体制とすることになりました（↓ＳＭ）。

しかし、マネジャーに求められる業務の中には、売場別売上に関わる業務や帳場前主関連業務等は依然として残されていました。売場の営業力を高めていく取り組みの中で、新設のＳＭが指揮に専念できる体制づくりの一環としても帳場前主の集約化の流れが醸成されていったと言えます。

12　お得意様営業部の設立

ゴルフ場開発に伴う多額の特別損失を踏まえ、１９９８（平成10）年１月には井上社長が就任。危機的な状況に陥った企業三越の再生を目指して、９月から10月に全社を挙げて「オフサイトミーティング」が開催され、それぞれの職場における課題やその解決に向けて意見の収集が行われました。その中では、売場別売上管理制度を始めとした業績の作り方や働く仕組みを抜本的に改革していくことの必要性等が挙げられたと記録されています。こうした意見も踏まえ、１９９９（平成11）年２月には４つの具体策を柱とする『中長期経営計画アクションプログラム』が発表されました（「中長期経営計画アクションプログラム実施策」１９９９年２月18日）。４つの具体策は以下の通りです。

⑴　店舗及び事業部門の構造改革による収益力の回復・向上
⑵　収益体質の確立に向けた取り組み
⑶　関連会社・姉妹店・海外事業の再構築
⑷　要員・人件費構造、人事賃金制度の改革による人的生産性の向上

この具体策に基づき、長年の懸案であった「売場別売上管理制度」は廃止。早期退職特別優

遇措置で１１５１名の方々が退職されました。

こうした背景の下、１９９８（平成10）年３月、日本橋三越にお得意様営業部が設立されます。この時点でのお得意様営業部は、旧特別ルート販売部（以下特販部）の仏事営業、家庭外商、ギフト営業、ブライダルの各組織を継承し、帳場活性化のためのチーム「帳場プロジェクト」（＃４０４）は家庭外商に括られていました。

当時マネジャーであった黒部篤志氏へのヒアリングによると「帳場プロジェクト」の目的として、当時の松本健太郎店長より辞令の際に言われたことは、「帳場の活性化ができないか考えて欲しい」ということでした。経営としては１９９９（平成11）年に想定する早期退職特別優遇措置を見据え、社員に結びついている帳場前主への対応を考えておかなければ、業績に大きな影響を与える恐れがあると危惧していたと思われます。また、売場の営業力強化に向けた労使議論を踏まえ、帳場制度の再構築に取り組むことを労使で確認した会議の記録があります。お得意様営業部の設置と帳場前主の集約に向けた具体案が提示された極めて重要な場となったことから、ここで掲載致します（議事録のメモを文字で起こしたものであり、箇条書き的な表現となることをご容赦下さい）。

〈1998年2月5日　労使会議生産性向上委員会報告〉

★議題：帳場制度の再構築

帳場制度は三越にとって重要な制度である。しかし、時代とともに軋みが生じている。帳場制度の再構築を日本橋から進めていく。

(1) 再構築の必要性

帳場制度については様々な声が寄せられている。

お客様からは、「帳場制度のステータスが分からない（本当のステータス性とは何か？）」「扱者を知らない」「三越カードとの違いが分からない」大きくはこの3つ。

扱者からは「保有口座数が多すぎてフォローできない」「引き継ぎ顧客はスリーピングになりやすい」「残高回収が負担になっている（自分で売ったわけではないのに、なぜ責任があるの？）」

環境面からの課題：営業時間が拡大し、労働時間は短縮。社員数は減少。ＳＭ制導入と元番（常設売場）営業力強化の下、担当する元番の商品を売っていこうという姿勢と、外出してまたは店内の売場案内をしないといけないことは相反する。日本橋本店として来客数が減少している中で、固定客を確保していかなければならない。

(2) 課題：2つの切り口がある

■サービス：レベルアップを図り、ステータス性を向上させたい。そのために扱者制度を見直していく。

■組織システム：

1　一人当たり保有口座数が増えている↓組織対応を考えざるを得ない。

2　評価制度：「場」という考え方が重要。その「場」において個々人がどれだけ売上に貢献したのか、把握するシステムがない↓システムでの対応が必要（販売員カードの導入?）。

3　情報の共有化：帳場前主の情報がフォローできていない。店内での買い上げ履歴が共有される形で残っていない。

(3) 改革の骨子

顧客制度とリンクして考える必要がある。顧客を4つのランクに分ける。

①一見客　②固定客　③優良顧客　④超優良顧客

現状では、制度が追加されてきており、相互にオーバーラップしている。今後のサービスレベルは、逆ピラミッドになるべき。一見客をハウスカード（三越カード）ホルダーにして帳場にして……。本当の優良顧客は帳場前主とする。三越カードの中で優良顧客は拾い上げて帳場にする。

(4) 帳場実態調査

対象者は社員1569名。帳場前主数は約8・5万口座。調査内容は①口座開設経緯、②買上実績、③買上内容（自部他部ギフト?・）、④コミュニケーションの実態（前主案内をしているか等）。

その結果は以下の通り。

①口座開設経緯

本人が開設した帳場前主は全体の42%。引き継ぎは約4万9000口座。男女での引き継ぎ状況は。呉服や特選では半数以上が自分で開設。引き継ぎが多いのは食品、服飾雑貨、子供用品。年代でみると1970年代入社までは本人が開設した顧客が多いが、80年代を境に90年代入社からは8割が引き継ぎ。

②買い上げ

7割が買い上げあり。特に1・2万件の実績は大きい。

③買上内容

自品別売上が多い売場は美術、呉服、紳士オーダー、エクセレンス（宝飾品・特選部門：引用者註）。逆に低い売場は、子供用品、趣味雑貨、食品。

④顔と名前が一致しない顧客が約４割。特に引き継いだ顧客の６割がコンタクトなし。前主案内したことがある前主は約27％。売場の担当する帳場では約２・７万口座しかない。人的サービスも低いことが分かる。

■アンケートから得られた情報に基づくと……引き継ぎ顧客で顔と名前が一致しない。しかし買い上げがある。これが問題。一昨日、ゼネラルマネジャー（各営業部長、以下ＧＭ：引用者註）に対して各人へフィードバックするように指示を出した。

⑸　セグメントの見直し

セグメントについては３つの切り口で整理する。

①本人開設か引き継ぎか

②買上実績

③認知度

Ａ：実績があって顔見知り　Ｂ：実績あるが顔を知らない　Ｃ：スリーピング

AとBはコミュニケーションを高めていくことで買上高の拡大を目指す。

Cは何もしなければ期待できない。

売場のタイプごとに対応を変える。MK部門（呉服・宝飾・美術・特選等）は他品別売上（他部門売上：引用者註）も期待できるが、MD部門（呉服・宝飾・美術・特選等以外）は売場顧客の拡大がポイント。Bタイプは幅があるので2つに分ける。

Aタイプは現状維持。BタイプはMK部門では現扱者が継続するか、自部門内での引き継ぎ。MD部門では特販部（お得意様営業部の前身：引用者註）または店内別部門で対応。他部門に実質的な扱者がいる場合にはそちらからのアプローチを強化。後方部門の保有帳場は全て特販部へ移管する。Cタイプはシステムで対応。販売促進部、顧客サービス部内でのアプローチになる。媒体等の郵送にとどめる。有効期限が来たタイミングで継続の可否を問う。マネジメント職はなるべく扱者変更して、帳場前主を持たない整理をする。なお、扱者変更にあたっては、部門特性や個人の特性等は考慮すること。

(6) 再構築のスケジュール
2000（平成12）年3月の年度を目途に顔の見えない顧客を0にしよう。帳場前主の扱いを配置し直し、お客様サービスを見直し顧客ラウンジを設ける。債権管理のあり方も見直す（窓口を作ること）。ゴールドカードには扱者はいらない。

まず、この2月にルールを策定する。セグメント調査票をフィードバックしたものに扱者が判断を書く。GMが部門特性を理解して再度指示する。GMとSMがコンセンサスを作った上で、提出。2ヶ月以内にフィードバックしてもらいたい。まずは異動対象者。新ルールに基づいて特販部新チームを活用する。

三越カードの高額買い上げ顧客は約27００口座もある（特販部へ？）。

⑺　その他

この3月から帳場活性化活動を展開する。スリーピング顧客の掘り起こしを行う。データベースも何らかのものが構築されつつある。全店的に使い方も教宣されていく。

サービスの向上施策として、家族カード拡大キャンペーンも実施する。これは買い上げ情報量の拡大とリスクヘッジの両方の意味がある（帳場カードは家族がそのまま使っている場合が多かった）。実際に事故も生じている。『帳場通信』（帳場前主向けのPR誌）も拡充したい。フリーダイヤルにも専任を置きたい。

帳場前主の傾斜配置を行うことと合わせて、評価の仕組みを〝場〟から〝個人〟へ変えていきたい。個人別の買い上げ情報を収集できるように業務本部で取り組んでいる。

帳場前主のサービスも実質的に拡大したい。割引率の見直し（1998年6月に株主優待は7％へ引き上げられたが、帳場カードの優待率が7％になるのは99年3月）、ゲストラウンジの設置（1998年9月「お得意様サロン」リニューアルオープン）、駐車場無料、コンシェルジュの設置等。帳場カードの有効期限は5年から3年への見直しになる予定であり、結果としてクリーンアップが進むだろう。2000年度には新顧客制度が整理される。

帳場扱者としての働き方の基準は『本店　帳場扱者読本』（第4章　資料編参照）にまとめた。扱者は記載内容の活動をしなければならない。できなければ扱者になってはいけない。そういった判断基準になるものだ。

結果として売場扱の帳場前主は、お得意様営業部へ集約されることになります。「帳場プロジェクト」は、黒部篤志マネジャー（その後、お得意様営業部GM）をリーダーとする営業メンバー15名で構成。その半数は店頭以外からの転入者であり、入社以来後方部門しか在籍したことがない方もいたようです。

しかし、売場扱帳場前主の移管は容易ではありませんでした。まず、3月1日付人事異動にて転出するメンバーの保有帳場前主及び後方部門で保有する帳場前主約1700口座を移管。続いて、服飾雑貨部メンバーが抱える前主のうち、どうしても担当せざるを得ない前主以外約4000口座が段階的にお得意様営業部へ移管されました。

新設された「帳場プロジェクト」が「帳場を知る」活動で成果を上げていくことで、活動の推進体制の整備も進んでいくことになります。１９９９（平成11）年3月の人事異動では、約１４０名体制となり、１チームあたりマネジャー1名、営業メンバー12名、アシスタント2名の合計15名を基本として8チームが設置されました。アシスタントの職務は、営業メンバーの支援（外出等不在時の電話対応等）と日報集計等マネジャーのサポートです。特に、この時点での評価は個人業績ではなくチーム業績であり、宅訪件数や電話をかける本数の定量評価と『3枚シート』の記入レベルの定性評価の組み合わせであり、行動基準徹底に果たしたアシスタントの役割は小さくありませんでした。

以降、段階的に顧客セグメント（移管可否の確認）が行われ、２０００（平成12）年3月時点では、呉服部や美術部等、当該部門でしかお買い上げのない前主やどうしても既存扱者でなければならない理由がある前主約６０００口座以外を除いて、お得意様営業部へ集約されることになりました（約7万５０００口座）。

こうした現場を巻き込んだ改革は、当時の店経営トップであった平出昭二本店長のリーダーシップがなければ決して実現できませんでした。平出本店長は帳場制度の意義とお得意様営業部の取り組みに対する最大の理解者として「『乗風破浪』の精神で本店を文化・教養・娯楽の殿堂として創り上げ、高質百貨店の地位を確立する！」と宣言。改革の旗を振ったのでした。

一方、この間の売場メンバーの動揺を表す記録があるので、次に記載します。

〈1998年5月20日　VOICEミーティング（労働組合主催職場会）〉

議題：「帳場制度の再構築」に対する意見収集　※（）内は所属部門

H氏（子供）：個人ごとにやっているが、顔が見えていなくて買い上げがない方、スリーピング顧客等、自分で判断してA～C（顧客移管分類：引用者註）を決めている。

T氏（リビング）：エキスパート社員（マネジメントラインとは別の職掌：引用者註）以外は、MD（売場）を見ながら帳場前主を担当するのは難しい。絨毯売場は固定客を作りやすい。しかし他部の貢献売上を作っていくことは難しくなっている。売場別売上に力を入れる余裕がなくなっている。

K氏（婦人）：毛皮売場はコンサルティング売場だが、担当する帳場前主と毛皮を買ってくれるお客様は必ずしも一緒ではない。実際は中元・歳暮購入の前主。こういった前主は自分たちが担当する必要はなく、他部へ移した方が売上は上がるだろう。他部扱の前主にも毛皮売場からアプローチしている。よく売ってくれる扱者にはDMをお願いしている。

Ｓ氏（呉服）：和雑貨。三越カード顧客のうち優良顧客を帳場前主へ申請する活動はしていたが、呉服を購入する顧客ばかりではない。「帳場前主を作れ！」との上からの指示に基づいて帳場化を進めていた。こういった呉服を購入しないお客様はお得意様営業部へ移管すべきだと思う。

Ｍ氏（美術）：担当する帳場顧客は３００口座くらいある。５年前に自分で開設した前主だが、お得意様営業部へ移管しようと思ったら、突然１００万円の美術品を買ってくれた。コンスタントに購入してくれるお客様にはアプローチしているが、こういう5年に1回の前主がいるとなるとなかなか渡せない。自分で担当していたい。売場別売上は継続していく流れだと思うが……。

依存度が高い売場なので、全店の扱者が売ってくれなくなる懸念がある。

Ｋ氏（リビング）：帳場前主は財産であることは間違いない。だからこそ簡単には手放せない。景気は悪くなっている。品別売上高ができなければ売場別売上、これは当たり前だ。手放すと将来後悔する人がたくさん出るだろう。経営職になれる人はごく一部。ＡＢＣセグメントも深く突っ込んでできない。自分の評価に関わる。全店販売もある。ご来店いただいたお客様には差別無く対応すべき。いずれにしても慎重に対応すべき問題だ。

Ｓ氏（リビング）：若手の女性社員に話を聞くと引き継ぎの件数も少ないので、自分で引き続き担当するという人が多かった。半期に一度のアプローチ（中元・歳暮）でもお買い上げにつながる。年配の男性社員に聞くと、「自分で開拓した前主はお得意様営業部には渡せない」と言う。売場別の話もあるので、簡単には離せない。紳士服でも、声を掛ければ買ってくれる。お得意様営業部へ移管と言われるが、受け入れ体制が心配だ。

Ｔ氏（服飾雑貨）：服飾雑貨部は基本全てお得意様営業部へ移管することになっている。但し、①自分でアプローチできる、②自分でなければアプローチが難しい、③特殊な前主だけ残す。

Ｓ氏（紳士）：帳場の移管は難しい問題だ。紳士オーダーはステータスの売場。来るお客様は全て帳場。３５００件を27名で担当している。一人１００名超。本人開設が60％。引き継ぎが４割。あと数年で引き継ぎが過半数になる。残高のある前主もいる。ＳＭとしてもメンバーの前主状況も見えてきた。引き継ぎで顔の見えていない顧客７００件。他部扱の前主で「扱者を紳士オーダーに替えてくれ！」と言う前主も多い。新ＰＯＳシステムで帳場ごとの状況が見えているので、扱者のあり方も見直しても良いのでは。

帳場で株主優待制度を使う人もいる。６月からは７％優待になる。問い合わせも多くなるだろう。

売場別売上は、アテンドしなくとも売上になってくれるとありがたいという声はある。お得意様営業部への移管が本当に良いのか分からない。

H氏（食品）：食品部は取引先派遣社員が多い。帳場は引き継ぎが多い。帳場前主も社員の状況をよく知っている。簡単には離席できない状況になっている。「B前主はAにしておけ！」という動きが一部にある。女性社員は帳場を持っていない。持っているのは男性。

――――――

日本橋以外の京浜店（新宿・銀座・池袋・横浜）は生き残りを賭けてストア・アイデンティティを明確にするため、まず同年8月に新宿店の前主約5000口座を移管、2001（平成13）年3月には銀座店、池袋店、横浜店の前主約2万口座が集約されました。

結果として、日本橋三越のお得意様営業部の担当する帳場前主は約11万3000口座となりました（『UM NEWS〈三越労働組合東京支部日本橋分会〉』2001年7月1日）。

〈お得意様営業部の担当顧客数推移〉

日付	施策の内容	部員数	担当口座数（概数）
1998年3月	●転出した売場扱者・後方の担当顧客を集約 ●別途、売場の低稼働顧客を預かる形で約1万7000口座を「エリア担当」に割り振り。3名×5チーム	16名	1700口座
1998年9月	●帳場プロジェクト5名増員 ●服飾雑貨部より段階的に合計約4000口座移管他 ●「エリア担当」から「扱者」へ変更	21名	6500口座

1999年3月	●全部門に亘るセグメントを実施。担当交替を強く拒否される前主及び当該売場の商品しか購入しない前主、呉服と美術の前主以外は全て得営へ移管 ●15名（マネジャー1名＋営業メンバー12名＋アシスタント2名）×8チーム	141名	3万口座
1999年6月	●早期退職優遇措置後、元番から帳場移管実施		5万口座
1999年8月	●早期退職者の欠員補充も含めた人事異動	205名	7万5000口座
2000年8月	●新宿店の帳場前主（約5000口座）を日本橋得営へ移管		8万1000口座
2001年2月	●銀座店・池袋店・横浜店の帳場前主（約2万口座）を日本橋得営へ移管	291名	11万3000口座

2002年2月	●LTASS（営業支援システム）運用開始 ●コミュニケーションセンター発足	306名	11万3000口座

※部員数は「お得意様営業部の変遷」（2007年11月13日付資料）より。「得営」はお得意様営業部の略。

13 宅訪の開始

1998（平成10）年3月にスタートしたお得意様営業部の「帳場プロジェクト」ですが、「帳場活性化」というミッションを店長からは与えられたものの、具体的な活動は示されたわけではありません。やむを得ず、リーダーとなった黒部篤志マネジャーはどうしたのか？ 後日、その時の活動をまとめた記録があるので、ポイントをまとめて抜粋します。

帳場チームはマネジャー1名、営業メンバー15名、帳場は各売場所属の低稼働1万7000口座を暫定的に預かる形でスタート。当面の目標を「帳場を知ること」に設定し、その目標達成に向けた組織運営体制とマネジメントのあり方の整理・構築に努めた。まずは1万7000

口座の帳場に対して15名のメンバーを「扱者」ではなく「エリア担当」として紐つけ、効率と効果を考え緩やかなエリア制とし、３名×５チームを編成した。

　メンバーの活動をマネジメントするため、『宅訪日報』『３枚シート』の作成を義務づけた。『宅訪日報』は、「宅訪前主名（前日までに宅訪予定前主を確定し記入する）」「前主の声・意見」「その他、特記点」をＡ４版１枚にまとめたもの。『３枚シート』は顧客台帳であり、１枚目は「氏名、住所、電話番号、職業、記念日、口座番号等」、２枚目は「宅訪から得られる特記事項（住宅の状況、周りの環境、前主の声等）」、３枚目は「送付したＤＭのリストと前主の反応」。いずれもアナログの書類だが、記録内容は評価に反映することにした。

　最初の夕礼では、「『帳場を知る』活動を日々していれば、結果として売上がついてくる。当面は売上のことは一切言わない」と宣言した。しばらくはコミュニケーションが重要であり、毎日の朝礼夕礼に加え、個別面談を連日実施し、土曜日には１週間の振り返りミーティングを全員で行った。最初のミーティングでは、先述したツールをもとに行動基準を確認したが、朝礼と夕礼には必ず参加すること（つまり直訪直帰は認めない）、夕礼の60分前には帰店して『宅訪日報』『３枚シート』の作成と明日の宅訪計画の立案をお願いした。「最初の訪問だから粗品を用意して欲しい」「何を話せば良いのか分からない」といった意見等もあったが、施策について納得して取り組む意味からもこうしたミーティングは大変重要だと痛感した。行動基準を明確にした上で当事者同士が疑問点や意見を出し合い、一緒に考え、内容を共有することで、わだかまりや不安を払拭することができ、宅訪の精度も高まったと思う。

メンバーの当面の評価は、宅訪件数や会話件数、前主の声、意見の質と件数等に基づき実施。なお、チームとして宅訪の精度を高めていくために知恵を出し合うことを考慮し、各人単位ではなく、チーム単位の評価とした。

宅訪の日は、全員で朝10時に出発。16時30分に帰店し、『宅訪日報』の作成・提出、『3枚シート』へ記録し、夕礼を実施し、退社を基本とした。対象顧客は低稼働であり、最初はインターホン越しの挨拶で終わるケースがほとんどであり、直接前主と向きあっての会話には至らなかったが、「今日は私の顔を覚えてもらうために来ました」と話すと良いとの意見もあり、徐々に前主と直接会える機会が増え、声を聞き出せるようになった。お客様の主な声は次の通り。

■扱者について

「最初の扱者は家にもよく来たし、本当に良くしてくれた」

「扱者がよく替わるが、それを請求書を見て知った」

「私の扱者は○○さんだけど、今はどうしているの？」

「今の扱者は誰だか分からない」

■お買い物について

「昔はよく買い物をしたが今は買うものがなくて」

「三越からくるＤＭは絵画、宝石、呉服ばかり、私が欲しいのは婦人服や食品の情報」

「昔は扱者がいつも宝石を持ってきた。髙島屋さんは今でも宝石を持ってくるのでつい買ってしまっているがもう疲れたわ」

「私は出掛けて買い物をするのが好きなので、商品を持ってきて欲しくない」

「欲しい商品を欲しい時にたくさんの中から選んで買い物をしたい」

「帳場を知る」ための宅訪は5月末まで行ったが、こうした前主の声はその後のお得意様営業の働き方を規定する上で、重要な情報となった。

「帳場を知る」活動を徹底することで、お客様のニーズを把握することができ、従来の「外売り」主体の働き方から「来店促進」型の新しい働き方が出来上がります。

14　特招会の開始

特招会は、１９９８（平成10）年12月に1日限定でトライアル実施し、その後１９９９（平成11）年3月より正式に毎月開催されている全館催事であり、お得意様営業における働き方の起点となる場、日本橋本店としても売上のヤマとなる企画です。当初、土日2日間の開催でしたが、平日開催の要望や混雑緩和の要請もあり、後に金曜日も含めた3日間開催となりました。特招会開催期間は、日本橋本店の駐車場が大行列してしまう状況がよく見られたものです。営業メンバーも特招会に向け、3週間程度前に開催される勉強会に参加（欠席不可）し、葉書（後年封書）を郵送、宅訪でご案内、さらに電話にてご案内、来場のお約束を頂いたお客様の情報は事前に確認、お客様のニーズを踏まえて各売場と事前のすり合わせを行う……といった準備を積み重ね、会期当日は全員出勤体制（冠婚葬祭以外は認めず、外出禁止）で、特招会のために設けられる受付から呼ばれたならば、食事時間だろうと何だろうと5分以内にご挨拶に伺うこと（ご挨拶ができない場合には当日中にサンクスコール）がルールとなっていました。もちろん、ラインマネジメントには、会期中の会議は認められず、店内巡回でメンバーの様子を確認するとともに、お客様には積極的に挨拶をすることが求められていました。会期終了後は、来場頂いた全てのお客様に手書きのサンクスレターを送り、接点が持てなかった方には優先的に宅訪し、お客様との接点で得られた情報はしっかりと記録を残しておく等々定められた行動基準を愚直に実践することが求められています。

こうした活動の積み重ねによって、特招会は大きな売上のヤマとなる企画となり、店経営からも様々な支援が得られるようになりました。特に大きかったのは、お得意様営業から店経営に伝えたお客様の声を店長自らが確認し、具体的に改善を指示したことでした。店長のコミットメントが、お客様満足の向上につながり、営業メンバーのモチベーションにもつながり、そして業績向上に結実していったと言えます（特招会の初日には必ず店長からの激励があり、モチベーション向上につながっていたのです）。

こうして、大きな売上のヤマとなった特招会ですが、店経営からは会期延長の指示が度々あったようです。しかし、既に述べたように特招会会期中の労力や会期前後の出勤体制を考慮すると、簡単には延ばすことはできませんでした。しかし、新館の建て替えによる売場閉鎖の業績ヘッジも考慮し、宮本恵司本店長時代の２００３（平成15）年９月より４日間開催となり、その後、ト部栄明本店長時代の２００９（平成21）年８月より原則５日間の会期へと拡大されていきました。統合後の業績が伸び悩む中で、やむを得ない決断だったことと思います。

そしてもう1点、触れておかなければならないことは「10％優待」です。帳場カードの優待率は、お得意様営業部が設置された１９９８（平成10）年で一律５％、正式に特招会が始まった翌１９９９（平成11）年３月以降は、一律７％でした。三越の帳場カードを持っているお客様は、髙島屋の外商カードを持っている方が少なくありません。そんなお客様から、「髙島屋ではお得意様に対して10％引きしている。三越も特招会の時くらい10％引きにして欲しい」という声が当初からあって、ある特招会におけるお客様の声の半分以上がこうした声であったこともあったようです。こうした状況を打開すべく、お得意様営業部が中心となり、経営会議に「10％優待」を認めるよう『許可願い』を提出し認められ、それ以降『特招会10％優待パスポート』が発行されるようになりました。申請にあたった黒部GMは、営業メンバーの働き方を説明し、「日本橋本店で楽しく買い物をしたいといった前主ニーズにお応えするためのアテンドが最も重要であること」「買いたい商品の価格を扱者と決めることもアテンドの重要な意義であること」を訴えました。それに対して、議長（当時の井上社長）からは3つ、「同業との比較において適正な範囲で値引きを認めて欲しいとの気持ちは理解できるので『10％優待』は認めたい」「但し、特招会期間に限定した特別対応とすること」「商品本部と連携して編入率（粗利益率）への影響を最大限ヘッジすること」とのコメントがあったと記録があります。

なお、この『10％優待パスポート』は、伊勢丹との経営統合後の2012（平成24）年4月をもって終了することになりました。地域同業が期間限定ながら10％を超える優待を実施している中で、基礎的競争条件の視点から当時の判断の妥当性は議論されるべきだと思います。

15　アテンドデーの新設

特招会には多くのお客様がご来店頂けるようになりましたが、そのために、より丁寧な対応が求められるお客様へのおもてなしが、特招会会期中にはできないという問題が生じました。フルアテンドが必要なお客様をご招待する日は別途用意する必要がある、ということで月末の土日に設けられたのが「アテンドデー」です。売場には、この２日間は限定されたお客様に相応しい品揃えやイベントを用意することが求められました。当初は、おもてなしとしてお食事を提供したこともあったようです。

しかし、「アテンドデー」はなかなかうまくいきませんでした。月末のため、売上確保の面が強調されることがあったり、そもそもお呼びする顧客数は少ないので、売場としても企画を準備する動機づけが弱かったり、様々な課題を抱えているのが実態です。原点に立ち返って、当該月に大きなお買い物をして頂いたお客様をご招待し、店舗経営や部門長がホスト役になってお食事のおもてなしをして、様々なご意見を伺う場に見直していくことも一案だと思います。

16　店内外催事への対応

お得意様を対象とした催事が店舗外のホテルで年間に何度か開催されます。通常の店頭にはない商材も展開したり、お食事を提供したり、ラグジュアリーブランドの催事ではその世界観を表現した環境を整えたりと、おもてなしの場になっています。

特招会を起点とした働き方が定着するにつれて、こういったイベントにも多くの帳場前主に来て頂けるようになりました。同業でも同じようなイベントはありますが、その売上の大半は事前に外販等で決めており、会期当日はお食事を楽しんで頂くという実態もあるようです。もちろん、お得意様営業でも、こうしたことはあるのですが、宅訪や電話アプローチ等、顧客との関係づくりの活動を通してお客様のオケージョンや趣味嗜好の情報を継続的に収集していることから、当日ご来場頂いてお決め頂く商談も少なくなく、全体としての売上高も膨らんできました。

但し、お得意様営業の集客力が高まるに従い、営業部からは催事への集客要請が多く寄せられるようになりました。しかし、こうした催事に動員するとなると、勉強会や商品下見会を開催したり、扱者単位で動員候補者リストを作ってお声掛けしたり、と相応の労力を割かなければなりません。基本活動のペースを崩さないよう、取り組み対象とする催事は絞り込み、当初は呉服＝千總展、美術＝美術逸品会、特選宝飾＝カルティエ、ミキモトとされました。その後も、催事への動員要請が増えてきたことから、組織動員するイベントを「Ⅰ種催事」、個別対応するものを「Ⅱ種催事」として分類し、一定の基準を作って対応することになりました。

その後もこの考え方を概ね踏襲し、「売上高目標4000万円・動員目標70組以上」のイベントを「全員参加催事」、目標は「全員参加催事」基準には及ばないが店舗としての位置づけが高いものを「トライアル催事」、その他情報を扱者に共有して個別にアプローチするものを「情報催事」として、取り組みのレベルを規定しています。

17　LTASS (Life Time Adviser Supporting System／エルタス) とコミュニケーションセンター

お客様とのコミュニケーションから得られた情報は、『３枚シート』と呼ばれる台帳にその都度記録していましたが、さすがに一人当たり３００～５００口座を管理していくのは難しくなってきました。そこで、２００３（平成15）年３月に顧客データベースを導入することになったのです。単に売上高の管理ではなく、「関係性深化」と「お役立ち」の視点から活用できる情報として、購買履歴・接遇上の注意事項・趣味嗜好・来店状況・イベントへの来店状況・営業活動記録（宅訪や電話アプローチ、ＤＭ送付）等が登録されました。これによって、マネジャーやアシスタント等、扱者が不在時にでもスムースな対応ができるとともに、異動や退職等に際しても大きな支障なく引き継ぎができるようになりました。

現在のＬＴＡＳＳは第2世代（２０１０年度～）ですが、チームでの顧客対応にはなくてはならないツールとなっています。但し、基本設計が10年以上前のものであり、検索機能の脆弱さや定性情報入力字数の制限等の課題もあり、今後の改修が期待されます。

ＬＴＡＳＳの導入と同じ２００３年３月にコミュニケーションセンター（通称：Ｃセンター）が設置されました。徹底した接点活動を通して、各帳場前主の三越に期待するサービスが個々に明らかになってくる中で、One to One の対応を必要としていない方も一定割合でいらっしゃることが分かりました。一方で、さらに踏み込んだ活動が求められる前主もいらっしゃいます。そこで、前者のお客様（約３万口座）に対しては、Ｃセンターに担当を移し、特招会のご案内等、必要最低限の情報発信に絞り込み、一方でお客様からのご要望にはしっかり対応する体制を整えてきました。これによって、より踏み込んだ活動を求められる前主への対応もできるようになり、業績の向上にも寄与しました。

また、結果的ではありますが、経営の要請によってお得意様営業部の社員数は年度によって拡縮せざるを得なかったのですが、このＣセンターがその変動を受け止めることになりました。その後、Ｃセンターの機能はその後の「組織営業担当」へと継承されていくことになります。

18　伊勢丹との経営統合

①帳場制度に対する経営者の認識

２００８（平成20）年4月1日、三越と伊勢丹は経営統合しました。〝ファッションの伊勢丹〟と呼ばれる伊勢丹は、マーチャンダイジング（以下、ＭＤ）では百貨店業界の中でも右に出る者のない強みを持っている企業です。一方の三越は、帳場制度を中心とした顧客政策で強みを持っており、統合することで相乗効果が図られるものと期待されました。店頭の品揃えの不満も度々指摘されていたこともあり、伊勢丹の「ＭＤ業務フロー」を導入することには、帳場前主からもお得意様営業の扱者からも期待感がありました。

しかし、帳場制度はこの経営統合を契機に様々な見直しを求められることになります。

まず前提として重要なことは、顧客政策に対する認識が、両社の中で全く合っていなかったことです。伊勢丹では、ＭＤを戦略の軸に持つことから、特定多数の「ＭＤ戦略上の顧客」と呼ぶ〝ターゲット〟として顧客を捉えています。一方の三越では、特定少数の「販売戦略上の顧客」と呼ぶ〝個客〟として捉えます。このように顧客政策を経営戦略の中でどう位置づけるのか、この点に両社経営の認識にズレがあったようです。特に帳場制度は、統合直後の２００８（平成20）年5〜6月に3回に亘って開催された内部会議にて集中的に議論されました。三越の〝強み〟と言われるその根拠と今後のあり方がテーマです。主に議長（武藤信一会長：以下、M議長）と㈱三越百貨店事業本部営業政策部部長（黒部篤志部長：以下、K役員）のやりとりです。

〈2008年6月26日会議要旨〉

M議長：三越のコア・コンピタンスとは、三越以外では絶対に提供できない、非常に価値のある独自の技術であるべきだ。帳場制度は、今までの議論ではこれに当てはまらない。

K役員：「なぜ帳場のお客様が来店されるのか」を明らかにする必要がある。三越には長い歴史があって、安心・信頼という価値観が多くのお客様に浸透していたため、お客様の人生の節目には、「まず三越」と選ばれてきた。三越がデスティネーションストアとして選ばれる理由は「ゆとりある空間の提供」「良質な品揃え」「お客様の期待を上回る接客」を行ってきたからであり、「お帳場」はそのご家族まで含めてお客様との絆を大事にし、非日常のシーンでも品揃えやサービスを提供する「お過ごし場」として価値を高めてきた。そのような関係性を見て一般のお客様が「帳場になりたい」という憧れがあった。

三越の〝強み〟とは、来店される期待値の高いお客様のニーズに応えてきたことではないだろうか。その信頼関係をベースに「お帳場」があり、これが三越の〝イメージ顧客〟であった。

M議長：お客様との信頼と信用は大変なことだが、日比翁助は、それは〝接遇〟によって築き上げられる、と言っている。買い物をする時、商品を選ぶ前に〝三越を選んで頂く〟というのは百貨店を経営している人ならば誰でも最初の目標である。人生の節目節目で三越を選んでもらいたい。このベースにある信頼と信用は、接客から生まれる。帳場制度はそれを築き上げようとしたものである。三越以外の会社は、お得意様の担当は別に組織されてきた。三越だけは違う。帳場には組織がなかった。売場の一人ひとりが担当だからだ。担当が全てできるわけではないが、動員できる権限と権利を持っていた。
三越の〝強み〟とは人生の節目節目にあたって完璧にご要望にお応えできることである。組織のことではない。現在のお客様は、その時感動した体験をまだ覚えていて買ってくれているだけだ。良かった頃のことをできない今も追い続けることができるかどうか。過去の仕組みをもう一度組み直して補強できるか。または、帳場制度は今となってはもうできないことを認めるか。

なぜ帳場制度は維持できなくなったのか。

K役員：本来の〝強み〟を売場で継続して実現できなかった。店頭から社員が減って相応しい接遇を仕切れなくなったため、組織対応せざるを得なくなった。そして、お客様をしっかりと売場で接遇する施策ではなく、短期的に売上を追う制度がはびこってしまった。

M議長：三越の経営は戦前から知恵を〝強み〟として理解していなかった。カスタマイズされたニーズを実現できる仕組みをどう作るのか。「できるできない」の話ではない。そういうお客様はいるし、そういうお客様を三越は育ててきたのだから。あまりにも感動が大きかったために、日常で無理を言ったらかわいそうだとお客様が思ってくれているのかもしれない。不要不急なものだけ買っているのは、きっと我慢した結果なのかもしれない。そうなると一人ひとりのニーズに応えることをしていかない三越という企業はなくなるかもしれない。しかし、お帳場のお客様のご満足を提供できれば、それを見た周りのお客様は徐々に増えてくるはずだ。結論として、三越の〝強み〟とは、人生の節目節目でお客様の期待以上の完璧なサービスを提供できるということ。

今後、これをどのように磨き、機能させていくのか議論したい。

この議論の中では、帳場制度を本来の機能が発揮できるよう、進めていくことが確認されていましたが、この議論をリードした当時の武藤会長は、この後体調を崩し、長い闘病を経て、大変残念なことに2010（平成22）年1月にご逝去されました。会議では厳しいやりとりがあったことが記録されていますが、帳場制度を理解し、三越伊勢丹グループとして活かしていこうと最も考えていた経営者だったと思います。

いずれにしても、恐らく帳場制度の最大の理解者であった武藤会長が不在の中で、両社経営の認識のズレは埋まらず、その後のカード政策のあり方や店舗の営業施策にも大きく影響していくことになります。

②カード統合

経営統合による営業基盤の整備すべき項目の1つとして「カード統合」が掲げられていました。統合前、それぞれのカードは、三越側は三井住友カード社発行の「三越カード」「帳場カード」。伊勢丹側はアイカード社が発行する「アイカード」です。統合後カード会社のあり方としては、セキュリティ対策やコンテンツ拡充の投資負担を考えれば、経営基盤がしっかりしているの三井住友カードへの統合も考えられるはずでした。しかし結果としてはアイカード社への統合に決定。機能としては、アイカードに合わせていくことになり、帳場カードについても大きな影響を受けることになります。

まず、帳場カードは、既存カードを解約して新規にアイカード社が発行するカードに新規加入する形を取りました。お客様には再度、申込書をご記入頂かざるを得ませんでした。さらに、帳場カードの位置づけを踏まえ、年会費は徴収していませんでしたが、カード統合によって原則として年会費を徴収することになったのです。いずれにしても、お客様が切り替えの手続きを取らないと自動的に解約になってしまうことから、２０１０（平成22）年４月の統合にむけて、事情をお客様にご説明すること等、ご理解を頂く仕事に扱者は追われることになります。

また、これを契機に一定のお買上高に満たないお客様には帳場カードではなく、新三越カードまたは新三越ゴールドカードをお勧めすることになり、結果として帳場前主の数は約11万口座から約７万口座へと大きく減少しました。このような切り替えルールを設定すれば、顧客数の減少は目に見えていたわけであり、後に、この判断の是非は議論されるべきでしょう。

③ポイント制の導入

２０１６（平成28）年４月６日、一般のエムアイカードと同様、帳場カードにもポイント制が導入されました。

２０１４（平成26）年８月時点では帳場カードも含め、カード特典を即割からポイントへ切り替える方向性は既に固まっていました。その中で、お得意様営業統括部（２０１３年４月に三越と伊勢丹の個人営業部門が統合して設置）は、「帳場カードはポイント制度に切り替えず、割引優待制度を継続すべきである」と主張していました。帳場制度の重要な機能である扱者は、高額品等の取引においては売場との価格決定の役割も担っておりポイント制度では商談が進めづらくなること、地方前主等には貯まったポイントを次のお買い物でご利用頂くことは現実的ではないこと、先行する大手同業も一般カードをポイントに切り替えながらもお得意様カードには割引優待制度を適用しており競争条件上合わせるべきこと等がその理由です。しかし、結果は、切り替えの判断となりました。ポイント制度導入後、お買上高も厳しい状況が継続し、その影響は今も残ります。ポイント制度は三越伊勢丹グループのスーパー業態や通販業態等での買い回り促進を目的として導入されたと言われていますが、そもそもポイント制度による買い回り促進効果は限定的であるうえ、同業も含めポイントの制度そのものがレッドオーシャンであり、業界でも独自性のあった即割制度を放棄することが顧客離反を招くことは明らかだったと思います。

19　そして現在に至る

最後に、最近の動きを記しておきたいと思います。

２０１３（平成25）年４月に首都圏における三越と伊勢丹の個人営業部門が統合して、㈱三越伊勢丹お得意様営業統括部が設置されました。この目的は、各店でバラツキのあった個人営業部門の働き方を「関係性深化」と「お役立ち」を基本としていくことにありました。

それまでは、伊勢丹におけるチームリーダーは担当顧客を持つプレイイングマネジャーであり、行動基準の実践状況を細やかに把握し、適宜指導するものではありませんでした。そもそも、情報発信のための宅訪という概念が仕事として定義されておらず、宅訪と言えば「お客様のご自宅に商品を売りに行く」「お買上品をお届けに行く」というものが主だったようです。また、店外催事についても、「関係性深化」の活動がルールとして設けられていなかったので情報収集力が脆弱であり、顧客の扱者がご招待するというよりは、売場の担当者が呼んでいるお客様が多かったと思われます。もともと新宿伊勢丹は店頭の営業力が強く、売場自らが顧客を呼ぶことができるため、個人営業部門としては連携が取りづらいということがあったと思われます。

一方で、新宿店以外の伊勢丹郊外店では日本橋三越と同じく、営業部門の力でお客様を店舗や店外催事へ来店・来場頂く機能が期待されていました。現状の好調要因の１つであるインバウンドは不安定なものであり、新宿伊勢丹といえども商品やサービスでの差別化が難しくなりつつある中で、顧客との関係性による来店促進機能を強化することの意味は決して低くない。しかし、現場の扱者としては、今までの働き方を変えることには相当の抵抗があったことは間違いありません。結果として、「関係性深化」と「お役立ち」の働き方は定着しなかったのです。

一方、個人営業部門統合に向けた整理の中で、その後の問題に影響を与えたことが2点あります。1つは、業績指標であり、もう1つは業績の捉え方です。

目標とする業績指標は、統合までは「カード口座売上高」と「アテンド売上高」でした。「アテンド売上高」とは、扱者が関わった売上をレジにて担当者コード入力によって集計するものです。実は帳場カードのカード特典は一般のエムアイカードと基本的には同じであり、ラグジュアリーブランドを購入する場合には優待がなかったり、1年間で100万円以上購入すると次年度10％優待になりますが、それ以上の特典がなかったり、と高額のお買い物をされる際には帳場カードを使わず、現金や銀行系クレジットカードを使うことが多くなりました。扱者の努力が評価指標には入ってこない。そんな課題解消のために、「カード口座売上」に帳場カードを使わずに購入した「アテンド売上高」を合算して、「総扱高」という新たな指標を設けたのです。そして、旅行等、三越伊勢丹としての売上にはならないが、手数料として収入があるものを売上換算して算入しました。もう1つは、評価指標として、チーム売上高を外し、個人売上高に絞ったのです。

まず、「総扱高」について言えば、この指標を改善するための活動が一意的に定まらない。

さらに、なぜ売上が良いのか、悪いのか分析のしようがなくなってしまった。これではPDCAを回しようがない。恐らく、お得意様営業統括部としての業績貢献度を高く見せるための手法だったと思うのですが、評価指標としては単純な口座売上高に絞った上で、現金や銀行系クレジットカード売上は別途勘案すれば良かったのではないかと思います。

そして、チーム売上を外したことは、個人業績に対するインセンティブが従来以上に働くキッカケとなり、行動基準を徹底する働き方をも阻害しかねない状況を生み出すことになりました。強すぎるインセンティブは「両刃の剣」でした。

いずれにしても、より業績指標に重きを置く働き方にシフトしたことで、ライフタイムバリューよりも足元の業績に軸足を置かざるを得ない傾向が強くなっていったのです。効率を優先することで、結果として将来のマーケットを失ってしまったのではないかと危惧をしています。

そして２０１８（平成30）年から日本橋三越は段階的に再開発を行っていくことが発表されています。その対象顧客の考え方は２０１６年5月23日に発表されたＩＲ資料では次のように述べられています。

今までは属性やライフスタイルを基に顧客グループを考えてきましたが、今回の再開発を機に考えを刷新し、「属」の考えにあらたに「族」の考えを加えました。「属」ではお客さまが〝どんな人〟（年齢、性別、所得など）なのかを捉えて品揃えを展開しており、商圏が限られていましたが、「族」へ考えを移行することにより、お客さまが〝どんな趣味〟（アート好き、お茶好き、ネコ好きなど）をお持ちなのかを深く考察し、その価値観を反映するモノ・コト企画を全館や各階で展開することにより、いわゆる商圏がなくなり、その趣味や価値観に高い関心を持つ全国からの、さらには世界中からのお客さまにご来店いただけるようなお店創りを実現します。

㈱三越伊勢丹ホールディングス　２０１６年5月23日付　報道関係資料より）

その他報道関係への発表等も踏まえて整理すれば、「富裕層」を中心に、より趣味等生活の高い質を求める顧客層をターゲットに、ラグジュアリーブランドの品揃え強化とコンシェルジュ機能の強化を付加価値として訴求していくことを目指すというものでした。こうした再開発に伴う投資を賄うため、お得意様営業部はより効率的な働き方を求められることになり、不徹底になってしまったエリア制の再整理とチーム制の導入、営業支援機能の集約、部門スタッフ機能の店舗スタッフへの移管等によって要員数の絞り込みが図られることになったのです。

商品やサービスでの差異化は難しくなっている中で、サービス機能として全館・各商品部門のコンシェルジュの拡充が図られましたが、扱者との関係等、様々な課題を抱え、十分な成果を得たとは言えない状態に留まっています。「顧客戦略」の重要性は高まっているのですが、結果としては日本橋三越としての「顧客戦略」は明確には描かれず、現在に至ります。

20 「まとめ」に代えて ～黒部篤志氏ヒアリングより～

帳場制度の歴史を振り返ってきましたが、最後に黒部篤志氏に対して2018年8～9月に複数回にわたって実施したヒアリングの要旨を掲載し、「まとめ」に代えさせて頂きます。

1998（平成10）年に「帳場プロジェクト」を立ち上げ、機能不全に陥っていた扱者制度の改革を目指し、すべての帳場前主と接点を持つことを通してご要望を伺うことから始めました。その中で分かったことは、大きく3つです。1つ目は、「『請求書を見て初めて扱者を知った』との声は多く、扱者制度が形骸化していること」、2つ目は「お客様の求めている情報と扱者からの提供情報にズレがあること」。そして、3つ目が「お客様は、基本は訪問販売ではなく、来店してたくさんの商品の中から選びたいと考えていること」でした。こうした課題を踏まえ、接点活動を継続しつつ、すべての帳場前主に対して発信できる催事として事前のコミュニケーションを前提とする「特招会」を企画しました。「特招会」を毎月開催することで、扱者の行動基準が明確になり、その徹底が図られることで「関係性深化」「お役立ち」活動の精度が高まったのです。

しかし、こうした活動は徐々に形式化していきました。その要因として1つ目は、業績評価の単位をチームから個人へ変えたこと。結果としてチームプレーの活動が脆弱になりました。２つ目はイベントや企画が増え過ぎたこと。売上目標を作るための資源として受け取れられるようになり、扱者はイベントへの対応に追われ、本来の活動がしづらくなっていきました。３つ目は、これが最大の要因ですが、マネジメントの不徹底です。お得意様営業は部長から扱者まで基本活動の意義を常に共有し、ルールを逸脱する動きがあれば直ぐに軌道修正する、という活動を続けてきましたが、組織が大きくなり、人事異動が繰り返されることで、細やかなマネジメントができなくなりました。お得意様営業は、伊勢丹との統合以前からこうした綻びが表れ始めており、部分修正が必要な状況にありました。

そして伊勢丹との経営統合後、カード会社の一本化、カード機能の統合がお得意様営業の基本活動を推進していく上で大きな影響を及ぼすことになります。グループのカード政策方針に基づき、低稼働前主の非帳場化（２０１０年４月）、年会費徴収（２０１３年４月）、ポイント制への切り替え（２０１６年４月）等が決定されていくわけですが、いずれも生涯顧客育成の考え方とは相容れない施策でした。

三越と伊勢丹の執行役員が集まって三越の〝強み〟である帳場制度について議論したことがあります。会議は３回開かれました。最初の会議では、議長の武藤会長（当時）から

「帳場制度とは何か？」との問いに対して、三越側の役員は伊勢丹側役員が理解できるまでの回答ができませんでした。会議終了後、個別に武藤会長に呼ばれ、「なぜ、三越の役員は自分たちの〝強み〟を説明できないのか？　説明できないものは〝強み〟とは言えない！」と叱責されました。

2回目の会議では、帳場制度の歴史について資料を作って説明しましたが、今度は「三越が勝手に日程を決めた特招会になぜ2万組ものお客様が来るのか？」との問いに、やはり誰も適切な回答ができない。この会議の後も武藤会長に呼び出され、「帳場のことが分かっていれば、この質問に答えられるはずだ。この問いに答えることが、帳場の存在意義をグループとして認めさせることにつながるのだ」と言われました。帳場制度について継続して論議することになりました。

その後、私（＝黒部氏）は地方出張中にもかかわらず、三越常務より「武藤会長と帳場関連のミーティングをおこなうことになった。事前打ち合わせをするため、戻ってこい」との指示を受け、急遽帰京。三越社長、総合企画部長、私の3名で事前に摺り合わせ、ミーティングに臨みました。実際には、三越MD統括部長も加わり、合計5人での話し合いとなりました。

3回目会議の前日、日本橋本店に来ていた武藤会長に呼び止められ、「今度の会議は、大丈夫だよね？」と念を押されました。この時分かったのです。武藤会長自身が、三越の帳場制度の意義を分かろうとしていたこと、そしてその内容を伊勢丹側役員にも共有させるため、敢えて突っ込んだ議論をさせていたことを。

第3回目の会議終了後、武藤会長の様子を見ると、まだ腹に落ちていない様子でした。三たび武藤会長に呼ばれ、「黒部君、伊勢丹は破壊と創造。三越は不易と流行なんだよ」「三世代の顧客に支持され、支えられてきた三越には〝変えてはいけないこと〟があるだろう」との話があったことをはっきりと覚えています。

私自身は、武藤会長の言葉を「それを三越側の役員が自分の言葉で説明できなければ、〝強み〟であっても、いずれ伊勢丹に〝破壊〟されるぞ」との警鐘の意味を込めてのことだと解釈しました。

この後、武藤会長は病床に伏せてしまい、以降、帳場をテーマとした会議が開催されることはありませんでした。その翌年（2009年）12月、一時病状が持ち直した頃、武藤会長に呼ばれました。帳場に関する質問をいくつか受けた後、「帳場前主のゴールデンプロポーションを教えて欲しい」との宿題が与えられました。当初は〝ゴールデンプロポーション〟の意味が分からず、いろいろと悩みました。結局、私は買上高上位500人のデータを整理し、100人、10人単位で買い回りや家族構成、趣味等の特徴を整理し、最終的に象徴的な帳場前主1人にフォーカスした形で買い回り状況を資料化して説明に行きました。武藤会長は資料を、20分くらいでしょうか、黙々と読み込んだ後で、「紳士の買い回りに課題があるね……。よく分かった。よく分かったよ。ありがとう」と話されたことを覚えています。

この説明後、1ヶ月後に武藤会長は亡くなられましたが、経営統合直後から帳場制度に関して個別に厳しい叱責や指導を受けてきた私は確信しました。武藤会長は統合時点では帳場制度が三越の〝強み〟であり、伊勢丹にもその考え方も含めて共有し、取り入れていきたいと思っていたこと、しかし、その〝強み〟を、役員をはじめとした三越人材が語れないことで、ある意味、三越の〝強み〟であるはずの帳場制度が三越の真の〝強み〟になり得ていないことに対する危惧を抱いていたことを。

聖域なき構造改革の下で、帳場制度そのものが弱体化しつつあります。とは言え、帳場前主のポテンシャルは依然として極めて高い。今後、成長戦略を描く中で、生涯顧客制度の意義が再認識され、競争戦略の重要な柱として位置づけられる日が来ることを私は願っています。

いずれにしても、上質小売業を目指す企業にとって、帳場制度に表れている生涯顧客制度のノウハウは極めて有効であり、本書には歴史的な価値があります。ぜひ多くの方々に読んで頂きたいと思います。

第4章　資料編

1 「市原晃社長の孤独なる闘争」『週刊東洋経済』（1985年2月9日）

……事実、あの事件（岡田事件：引用者註）で三越はお客様に愛想をつかされたと思いますよ。無理な販売は絶対にやるなと指示した。過去は問わない。元に戻せといった。僕は何もできない社長といわれた。事実、僕は何もできない。やるのは社員だといってきた。その気持ちがみんなわかってきた。（市原晃社長）

三越の〝奇跡〟のような黒字復活は、業界各社にとっても予想外のことであった。当初は様々な憶測も流れた。

「三井グループの支援が入ったのでは……」（業界筋）、「子会社の売り上げを本店に入れたのでは……」（業界筋・兜町筋）etc。

しかし、成熟しきった三井グループのパワーのなさと結束力の弱さはすでに定評のあるところである。九月～一二月の長期に渡って、三越を支援し続けられるわけもない。子会社売り上げ計上説に至っては論外としかいいようがない。

ようやく、ここにきて、「やはり老舗・三越の底力だ。社員もやる気になってきた。表情も明るくなっている」（問屋筋）という見方が一般にも固まりつつある。

黒字化の背景は、基本的なことながら、日本橋本店に代表されるように商品面の入れ替えが最大のものである（岡田事件による不適切な仕入れが店頭の品揃えをゆがめていた：引用者註）。さらに、細かくいえば、本店の〝お帳場前主〟システムが再び稼働してきたことが貢献している。

〝お帳場前主〟とは、呉服店時代以来の独得のシステム。店員が個人の上得意客とマン・ツー・マンで付き合い、店員のクレジット（信用）で販売するやり方である（この点は誤解と思われる：引用者註）。この〝お帳場前主〟システムは、岡田前社長時代に乱用された。売り場が軽視され、ひいては問屋への押し付け販売事件にまでつながった。

市原社長は、あまりの乱用もあり、当初、〝お帳場前主〟システムを自粛させ、正常化を図った。半面、店員と上得意つき合いが薄れるマイナスも出た。商品面の入れ替えとともに、チェックを効かしながら、このシステムを再稼働させた。

九月～一二月は、〝お帳場前主〟が一〇・六％増となり、本店の増収の隠れたる要因となっている。旧くさい感じがしないでもないが、確かに底力ではある。

2 「三越、個人向け外商で攻勢——本店に専門部隊、自社カードの加入促進も。」

『日本経済新聞』(1991年11月25日)

三越は攻めの個人外商に乗り出した。まず東京・日本橋本店に外回りの外商部隊を組織、首都圏で固定客開拓を始めた。三越は従来から「お帳場前主」と呼ぶ優良固定客を多数持っていることもあり、外に出掛けて個人客を開拓する営業活動は本店ではほとんど展開していなかった。個人消費の減速が顕著になり、同社が得意とする高額品の販売が鈍る中で、従来通りの営業では業績の拡大が期待できなくなったことも背景にある。

同社は本店のギフト営業部に「地区営業」と呼ぶ部門を新たに置き四十五人を配属した。地区営業部門は中元・歳暮の注文だけを受けていた客の自宅に直接出掛け、ギフトを中心に年間を通じて幅広く受注する。

中元・歳暮だけを注文する客はほとんどが現金による支払いだが、自社カードの会員になってもらうことで固定化を進める。今年度は一万人にカードを発行するのが目標という。

「お帳場前主」の担当者は原則として売り場にいるため、客の自宅に行くことはほとんどない。これに対し地区営業の社員は外回りが専門。中元・歳暮客ばかりでなく、担当地区の新規客も開拓していく。

三越本店ではほぼ半数が東京都以外からの来店客で、最近は住宅事情の悪化で遠方からやって来る客が特に増えているという。こうした客は来店回数も少ないため、「こちらから出向いて注文を取っていかないと売り上げを伸ばすことはできない」(津田尚二専務本店長)と判断、攻めの営業を進めることになった。

三越本店は高級絵画や宝飾品の売り上げが多く、バブルがはじけた影響を強く受けている。今上期(三―八月)の売上高も前期比一・三%増と首都圏の五店中最低の伸びにとどまった。もはや既存客だけに頼っていては業績の拡大は望むことはできず、新規客の獲得が不可欠になったといえそうだ。

3 『本店　帳場扱者読本〜平成御客様第一主義の完成をめざして〜』(1998年2月)

帳場扱者のルール

◎はじめに◎

わたしたちが、日々営業を行っていく上で、商品と顧客は大切な資産です。

特に、お帳場前主は、わたしたちにとって、また三越にとってかけがえのない財産です。
お帳場前主と充分にコミュニケーションをとり、お帳場のニーズを吸い上げ、生涯顧客としての信頼関係に基づいた商品・サービスを提供し続けることは、わたしたちの最大の努《（ママ）》めのひとつです。

しかしながら、店頭部門の人員減少や、労働時間と営業時間の乖離などにより、現在ではすべてのお帳場前主に充分なサービスを提供しているとは言えません。
また、異動などによる扱者の変更により、新扱者と帳場前主とのコミュニケーションが希薄になった結果スリーピング化するなど、お帳場前主をとりまく環境は、決して満足のいくものではありません。

平成９年（１９９７年：引用者註）11月、本店所属の全帳場扱者を対象に実施した「帳場実態調査」によると、帳場前主とのコミュニケーションにおいては、対象帳場顧客のうち、扱者が顔を知らない帳場前主は全体の４割。引継前主の６割がコミュニケーション無し、という状況でした。

それでも、全体の７割の帳場前主が買上実績があり、コミュニケーションがなくても買っている、というお客様も少なくないことがわかりました。

また、扱者の年代、所属部門により、保有帳場とのコミュニケーション度と稼働率に偏りが生じているなど、是正すべきさまざまな課題が浮き彫りになりました。

そこでこの度、わたしたち扱者がお帳場前主をどのように保有していくべきか、また、定期的に起こる異動などの際、どのように後任扱者を選定していくかについて、ルールを作成いたしました。

このルールを参照し、自分の保有している帳場全体を見直してみてください。

大原則は、「お帳場前主の立場」に立つこと、お帳場前主がもっとも便利だと思う方法をとることが、買上実績やご来店頻度を上げる最大の鍵です。

お帳場前主とより良くコミュニケーションをとり、さらなる信頼関係を構築するため、本ルールを徹底してください。

I．ルールの骨子

1．目的　扱者は、帳場前主の人生のお世話係となるべし

帳場扱者のルールを設定した目的は、帳場の活性化です。帳場前主とそのご家族のライフサイクルの中で三越本店での生涯消費額のシェアを高めるため（生涯顧客化）、顔の見える顧客を増やしていく必要があります。

2．部門特性に見合った帳場保有　呉服は呉服の、食品は食品の伺い方を追求すべし

部門特性に見合った帳場保有の傾斜化を促進します。帳場前主へのフルコンサルティングにより信頼関係を築くことで売上を伸ばすことが有効な部門、マスの顧客を広くうかがうことで

売上を伸ばすことが有効な部門など、部門特性に応じて保有口座数を傾斜化します。

３．評価制度の改訂　扱者たるはたらきは、相応に評するものなり

部門特性に応じた帳場保有の傾斜化は、働き方に関する評価制度と連動させていきます。

Ⅱ．帳場保有のルール

１．帳場顧客は「顔の見える前主」

帳場前主とは「顔の見える前主」であり、「顔の見えない前主」を帳場として保有することは原則として認めません。

２．自ら仕掛けられなば、扱者となるなかれ

「顔の見えない前主」とは主に、帳場開設の経緯によらず、自己の帳場となった後も扱者として何の商売もしていない前主のことです。扱者としての余力・能力が及ばないならば、その能力を有している他者、他部門に扱者を引き継がなければなりません。

３．買上高、稼働率アップが扱者の使命なり

帳場扱者は、帳場前主とのコミュニケーションをよくとり、その稼働率、買上高を高めることを職務とします。

４．コミュニケーション充足範囲こそ、保有上限なり

帳場扱者は、帳場前主とのフルコンサルティングによりコミュニケーションを持ちながら、

顧客のニーズを探っていくものであり、店頭で多くのお客様に対して商品を販売する通常の販売業務とは、やや異なったものです。そのため、扱者が充分にコミュニケーションできる範囲に応じて、帳場保有口座数に上限を設定します。

5．売場特性本位の帳場保有形態

同じ部の中に、平場やショップ、誂えものなどさまざまな売場があるように、販売業務の形態も売場の特性によって大きく異なります。それを考慮して、帳場保有をしていく必要があります。

6．マネジメント職・後方部門の帳場保有禁止

マネジメント職、後方部門は、その本来の職務、責任からみて、扱者として帳場前主に充分にサービスを提供できないものであり、帳場保有を原則として認めません。

7．安易なる引継禁止

異動などによって帳場扱者を変更する場合は、上記の考え方に則り後任を設定します。自品別の若手社員に多数の帳場をやみくもに引継がせるなど、安易な引継ぎは認めません。

8．GMは帳場保有の最終責任者なり

各部GMは、担当部門の帳場保有全般に亙る最終責任者とします。担当部の部門特性と、帳場保有の基準を充分に鑑み、適切な顧客マネジメントを行ってください。

Ⅲ．帳場引継のルール

１．過ぎたるは、引き継ぐべし

「帳場保有のルール」を受け、総務部ＧＭ及び各部ＧＭは、帳場前主と充分にコミュニケーションがとれる範囲を超えて帳場を保有している扱者について、その数の帳場を担当できる部門に転属させるか、上限を超える帳場前主の扱者変更をさせなければなりません。

扱者の保有する帳場の「顔の見える前主」数が多いときは、扱者を相当の部門に転属させるのが望ましいでしょう。逆に「顔の見えない前主」が多い場合は、原則として帳場前主を特定部門に移行させます。

２．部内人事における留意点

ＧＭは部内人事において、売場の帳場保有特性の違いに留意しながら、メンバーの異動をしなければなりません。

３．出づるときはすべて引継ぐべし

異動による転出の際は、帳場前主をすべて引き継がなければならないものとします。

４．常に御客様本位たれ

扱者変更にあたって留意すべきは、帳場前主の意向を最優先することです。各部ＧＭは日ごろの前主の買上状況や他の販売員とのコミュニケーション状況を考慮し、扱者側の都合で安易な変更を行わないよう注意しなければなりません。

5．引継ぎ挨拶を怠る者は扱者にあらず

定期人事異動時に帳場を引き継いだ後任扱者は、新たに帳場前主とのコミュニケーションをとらなければなりません。そのため、引き継ぎの挨拶は必ず行うこととします。これが不可能な売場は、自部門で新帳場を保有せず、特定部門へ扱者変更をしてください。

4 「中長期経営計画アクションプログラム実施策」

『三越タイムズ VOL. 246』（1999年2月18日）

◆従業員のみなさんへ

一昨年（1997年：引用者註）のゴルフ場開発事業に伴う多額の特別損失計上を契機として昨年来、中長期経営計画に基づき営業面・財務面の両方から全力を傾け、会社基盤の確立を目指した施策を実行して参りましたが、この間の社会・経済環境の変化は予想以上に厳しいものがあり、当初の改革のスピードでは、中期経営計画の達成が不可能であるばかりか、今年度の営業利益の確保も危ぶまれ、企業としての存立も脅かされかねない状況にあります。

従って、昨年12月に発表したアクションプログラムに基づく構造改革の日程を大幅に早め、収益を確実に上げられる企業体質を構築する事が急務となって参りました。

このため今後３ヶ年にわたって順次実行を予定していたリストラ計画を前倒しし、平成10年度と11年度の２ヶ年でやるべき事を全て完了すると共に、人件費を含めた営業費構造全般に亘り、抜本的なメスを入れ、平成12年度より強固な黒字構造への体質転換を図ることと致しました。

まず平成10年度においては、
①懸案のゴルフ場計画については、当社として継続しないことを決定致しました。
②関連子会社については、既に三越ハウジングの清算を決定しました。また、千葉三越、三越縫製、室町美術、ピーエルシージャパンの４社については、体質強化のための損失引き当てを実施すると共に具体的な構造改革を実行します。
尚、これらの決定に伴い、合計３６０億円余の特別損失を計上する見込みであります。

この損失に対しては、ティファニー社の株式売却益等により特別利益を出し、また、別途積立金も大部分取り崩し引き当てますが、残念ながら平成10年度は２６０億円の欠損となる見込みであります。

平成11年度においても、経営として三越本体を始め、上記４社を含めた関連会社や海外店を含めたグループ全体の不採算事業を抜本的に見直すと共に、構造改革を目指した４つのアクションプログラムを直ちにスタートしますが、収益を上げるメドのつかない事業については、早期の清算・撤退も視野に入れて取り組みます。

また、雇用や労働条件といった「人」の問題についても、アクションプログラムの重要な柱として、来年度に大幅な見直しを行うこととし、本日、労働組合に申し入れを行いました。

まず、取締役について、来年度までに人数を半減すると共に、役員報酬については、従来からの減額に加え、この2月分報酬から再度減額を行います。

皆さんの労働条件についても、専門職4級以上には年功的な要素を完全に払拭し、役割や実績に応じた処遇を行う人事・賃金制度改正を行うと共に、40歳以上の方を対象とした600名規模の「早期退職特別優遇措置」を上半期に実施します。さらに、現状の業績を踏まえ、平成10年度下半期業績賞与についての減額及び平成11年度労働条件について、一括して会社より申し入れを行いました。

最も基本的な労働条件である雇用そのものを見直さざるを得ないことや、上半期に続いて業績賞与を減額しなければならない企業状況に立ち至ったことについては、経営として責任を痛感していますが、いまはアクションプログラムを完遂して、何としても三越再生の道筋を付けることが責務であり、力を振り絞ってこの難局に立ち向かって参ります。経営として、どんな障害があっても、企業構造改革を徹底して実施していく決意を固めていますが、従業員のみなさんにも今後、相当に厳しい働き方をお願いしなければなりません。何故なら、この会社を立て直し、お客様の信頼を取り戻すことは経営だけでは決して出来ないことだからです。

日々、現場で三越を代表して数多くのお客様やお取引先様と接している皆さん一人一人が新たな自覚と信念を持って、自分から行動を変えていくことが是非とも必要であります。

本日、取締役会で決定し、中央経営協議会及び中央労働協議会において労働組合に申し入れたアクションプログラムの内容を説明した資料を皆さんにお届けします。

雇用や労働条件に関わる内容もありますから、良く読んで頂き、企業の現状と今後の再生の為の施策について正しく理解して下さい。

そして、私を始め三越に働く全員が心を一つにして汗を流し、知恵を絞って企業再生に取り組んでいきたいと思います。

流通業界の激烈な競争の中で「三越をご愛顧頂いているお客様に十二分にお応えすること」に全社員が気持ちを一つに合わせて努力していきましょう。

取締役社長　井上和雄

5 「三越　人から組織へ仕組みを変え　伝統の『お帳場』営業を伸ばす」

『週刊東洋経済』（2001年4月14日）

「お孫さんになら、このような柄はいかがでしょう」

「でもあの子も大学に入って、もう少し派手なものがいいみたい」

三越日本橋本店の呉服売り場。都内に住むIさん一家は、販売担当者と楽しげに話しながら品定めをしている。担当者といっても呉服売り場の店員ではない。Iさん〝専任〟のお得意様係だ。

接客するのは、三越お得意様営業第四部の伊藤真弓さん。Iさんと伊藤さんの信頼関係はとても厚い。

「伊藤さんは私の家に何があるのかすべて知っている」とIさん。もちろん、伊藤さんはIさんの好みや性格をすべて把握している。だから、Iさんに本当に合った商品を薦められるわけだ。

「ギブ・アンド・テークの関係を越え、心のケアまでしてくれる。おせっかいが過ぎて、お見合いの話まで持ってきたことがあるの（笑）。家族の一員という感じよ」。そう話すIさんは、三越にとって「お帳場客」と呼ばれる上得意先だ。

お帳場制度。発祥の越後屋から脈々と引き継がれた、ほかの百貨店にはない三越ならではの制度だ。特別な得意客だけに掛け売りを無制限に認める。このような得意客には専任の担当者がつく。担当者はいわば御用聞き。三越の売り場をお客と一緒に歩くエスコート役を果たし、時にはお客の自宅まで商品を持参する。

従来からこの制度は、三越最大の強みといわれていた。現在でも、全国で二〇万件の顧客リストを持ち、関東五店だけで四五〇億円、全社では八〇〇億円を超える売り上げがある。この規模は三越全体の売上高の一割超。いかにお帳場制が三越にとって重要かがわかる。

お帳場客の一人、都内に住むＳさんは、毎月一度は必ず三越に顔を出す。11時ころから夕方の4時過ぎまで店にいるのが常だ。Ｓさんの担当者はお得意様営業第一部の樫山誠さん。Ｓさんは「樫山さんは五時間も私たちに付き合っても、イヤな顔一つされない。時間を忘れて買い物ができる」と満足げだ。

樫山さんが担当になったキッカケは二年前、展示会の案内をＳさんに送ったこと。それが今では買い物前にまず一緒に食事をして、お互いの家庭についても話し合う仲になった。「最初は食事をお断りしていた。でも途中からそれが当たり前になりました。お客様との親密度をいかに高めるか。それが大事です」（樫山さん）。ここまでの信頼関係は完璧な〝御用聞き〟であるお帳場ならではだろう。

◆人員減でお帳場制度が崩壊　素人の視点で原点に戻る

しかし数年前まで、この制度は大きな問題点を抱えていた。かつて三越では売り場の社員がそれぞれにお帳場客を持ち、お客が来店したときは担当者が売り場を離れ、接客をしていた。しかし社員の異動や人員減が続き、従来の制度では肝心の売り場がおろそかになるうえ、お帳場客にとっても、行っても担当者がいるわけではないという状況を招いてしまった。

だが、三越はなかなかそこにメスを入れることができなかった。何よりお帳場制は、三越にとって最大の強み。その分、同制度は三越にとって半ば〝聖域〟となっていたのだ。

転機は98年。ゴルフ場開発の失敗で巨額損失を出した三越は、希望退職により一割を超える社員を削減。井上和雄社長のもと大掛かりなリストラに取り組む。そしてお帳場制も従来の属人的なものから、専任の部署を置き組織的に対処する方法に移行した。そうしてスタートしたのが、今のお得意様営業部だった。

「われわれは素人の集団」。設立当初を振り返り、同営業部を統括する黒部篤志ゼネラルマネジャーは苦笑する。98年3月のスタート時点はわずか一五人の小所帯。しかもメンバーは営業の経験がまったくない。多くは管理職やバイヤーからの転身。中には店舗の電気室から異動してきた社員もいた。

それをどうカバーするか。その視点は〝素人〟ならではの、非常にシンプルなものだった。とにかく営業マン全員が電話などでお客にアクセスする。三越では「一品会」（逸品会・

引用者註）や「特招会」と呼ばれる特別催事を開いているが、その際営業マンは一人四五〇～五〇〇件の電話を入れる。「組織を上げて戦略的にお客様を呼び込むことを考えた」（黒部マネジャー）。

人数が減った分はチーム制をとることでカバーする。現在では関東のエリアを一五に分け、各チームにアシスタントを二名ずつ配置。担当者がいない場合はアシスタントが代行者の役割を果たす仕組みを作った。

一方で、アシスタントは営業マンが本当にお客と接しているのかをチェックする機能も果たす。要は、チーム制をとることで、強制的にお客との接点を持つようにしたのだ。

◆「営業マン」ではなく　ライフタイムアドバイザー

同営業部では、社員に売上目標を定めていない。お客との接点の数、それが最大の評価ポイントだ。この考えは営業マンの評価システムに反映されており、営業マンは売り上げ三〇、課題達成三〇、そして行動評価四〇の配分で総合評価される。そのうち売り上げに関してはあくまでチームごとだから、事実上各人の評価は行動評価のみ。黒部マネジャーは「人事制度と仕組みを絡めたことが成功の要因」と分析する。

こうした地道な取り組みの結果、同営業部では休眠客の掘り起こしに成功し、口座数は変わらないのに売り上げは年一〇％以上の伸びを記録した。当初、一五人でスタートした人員も、徐々に拡大し現在では二七〇人体制になっている。中には樫山さんのような半年で一億円以上も売り上げる営業マンも出てきている。

「当初はお得意様営業部というと肩身が狭かった」（樫山さん）。しかし今では、上得意客をどんどん連れてきてくれと、売り場の同僚から声をかけられることが多くなったという。今は「お得意様係」と書かれたバッチが樫山さんの誇りだ。

素人集団だからこそ、まずお客を区別せず平等に接客する。そしていきなり売り上げを追うのではなく、お客が快適に買い物ができる環境を作る。「管理職からいきなり営業に来て、すぐ売れますか？　そうではなく、まずできるできないをしっかりと区別し、できることを地道にやる。誠意はお客様に伝わります」（黒部マネジャー）。

そして次に「できる」ことは、営業マンになることではなく、お客に生活をトータルに提案する「ライフタイムアドバイザー」になることと言う。担当者は、お客と三越をつなぐ接点。今後もお得意様営業部は「素人の視点」を貫くつもりだ。

※お客様名はイニシャルに変えました。

6 「三越、お帳場に決別――個人プレーに限界、日本橋本店に専門部隊。」『日経産業新聞』（2001年6月13日）

三越が得意客向けの営業改革を急いでいる。江戸時代に開業した越後屋呉服店から引き継ぐ「お帳場制度」を抜本的に見直し、売り場の店員一人ひとりが個人客を囲い込む伝統的な営業スタイルに完全に決別。今年（2001年：引用者註）二月に、東京・日本橋本店の専門部署に得意先営業を集約する体制に改めた。個人商店から組織営業へ――。外資系小売業の相次ぐ進出や消費低迷など厳しい経営環境に後押しされる格好で、老舗百貨店が変身を試みる。（田中良喜）

東京・中央区にある三越日本橋本店新館の九階にある「お得意様サロン」。三百三十平方メートル程度の広さのこのコーナーを訪れることが許された顧客こそ、三越が伝統的に守り続けてきたお帳場制度のもとで掘り起こした得意客だ。お帳場制度とは全店員が売り場で接客しながら、得意客を見つけ出し、無期限かつ無制限に掛け売りする。一九五三年に制度化した。五〇年代半ば以降に大量入社した社員たちが競って顧客獲得に走り、制度定着の原動力となった。

◆70年代に発展

お帳場営業に一段と拍車がかかるのは七一年ごろから。担当売り場以外での売り上げを社員の評価に組み入れたためだ。お帳場制度の強さの秘密は、ワン・ツー・ワン・マーケティングの徹底にあった。自分が担当する得意客が来店すると、持ち場を離れて店内の案内役を務める。持ち場が呉服売り場であっても、顧客が宝石を購入するときには、宝石売り場の店員になり代わって販売する。

「見合い話を世話してもらったこともある」と語るのは都内在住の顧客。自ら捕まえた顧客の自宅に足しげく通い、懐に食い込む。一人で二百人ものお帳場客を抱えるベテラン社員は、たんすの何段目にどのような衣類が入っているのかまで把握、お帳場客が次に買い求める商品を見通していた、との〝伝説〟が今も残る。

もっとも百貨店経営を取り巻く経営環境の変化で、店員の個人プレーに頼った営業制度の限界もはっきりし始める。専務の平出昭二本店長は「九〇年代前半あたりから、制度疲労を起こしていた」と振り返る。

「来店したのに担当者がいない」——。お帳場客からの不満の声が店にしばしば寄せられるようになったのもこのころだ。

同社は八〇年代後半から減量経営を狙って売り場担当者の大幅な削減に踏み切る。日本橋本店では二千八百人いた店員が、九〇年代初頭には半分程度にまで減少。多くのベテラン社員が現場を去り、実質的なお帳場制度の空洞化が進んだ。

若手社員らが顧客を引き継いだものの、なかなか信頼関係を築くことができない。人員に余裕がないなかでは、お帳場客への対応に注力し過ぎると、持ち場での一般客向けの接客サービスさえ、おろそかになってしまう。

◆停滞する改革

九四年。当時、本店次長だった平出氏は、津田尚二社長に一つの提案を持ちかけた。

平出氏「担当者が交代する前に、新任者を一定期間付き添わせ、お帳場客の信頼を得たうえで引き継ぐべきでは」

津田氏「引き継ぎは粛々とできる」。津田氏は制度見直しに冷淡だったという。

「お帳場制度は機能していない」。九〇年代半ばの労使会議でも、組合側から現場の混乱を指摘する声があがったが、改革論議はなかなか前進しなかった。

ところが、九七年に同社が子会社を通じて進めていた千葉県のゴルフ場開発で巨額の損失が表面化。がけっぷちに立たされたことが改革実行の引き金になる。経営立て直しに向けた中期経営計画の中に、ようやくお帳場制度の改革を盛り込み、九八年度から改革に取り掛かった。

この時点でお帳場客の六割が実際には店に買い物に訪れない休眠顧客になっていたという。

ただ売り場の人員をかつてのように増強するのでは、経営スリム化に逆行する。かといって、お帳場客一人ひとりに密着しないと信頼関係を取り戻すことはできない。ジレンマを抱えながら出した結論が、組織営業への転換だ。

◆素人集団で発足

九八年三月、お得意様営業部という専門部署を設けた。お得意様営業部を統括する黒部篤志・ゼネラルマネジャーは「自宅に通って商品を届けるようなことはしない。来店してもらうことが基本」と、営業方針の転換を説明する。お得意様営業部の発足当初のメンバーは、仕入れ部門一筋など素人の社員が大半。あらかじめ関東地域を十五のエリアに分けるなど、地域ごとに担当者を配置してお帳場客と接触する仕組みつ《（ママ）》くった。接触する一つの手段が電話。「一品会」（逸品会：引用者註）など特別催事に合わせて、各部員が手分けして電話で来店を促した。

さらに今年二月には銀座、池袋、横浜など首都圏にある店舗のお得意先営業部（お得意様営業部：引用者註）を廃止し、日本橋本店に一本化した。それまでの個店経営の不効率さを正し、全社的な改革へと発展させるのが狙いだ。

来年二月には来店実績などをもとに、得意客を三つのランクに分け、それぞれのランクに応じた接客サービスを導入する。購入額の多さや来店頻度などをもとに、従来型の密着営業からダイレクトメール（DM）の送付だけ、といった具合に細分化して対応する。

お得意様営業部の顧客開拓は、既存客の家族のみに的を絞る。来年三月にはボタン一つで家族構成などが一目でわかる顧客管理システムを導入する予定だ。

二〇〇一年二月期のお帳場客向けの売上高は前期比四・五％増の八百八十億円（三越全社の実績：引用者註）。もっとも改革の成果を問われるのはこれから。組織、システムを刷新し、全社的な組織営業をどう打ち立てるかの宿題を背負う。

〈全国で20万人　高齢化目立つ〉

◆お帳場制度

お帳場制度　源流は一六七三年に開業した三越の前身、越後屋呉服店にまでさかのぼる。周辺の武家屋敷に反物を掛け売りし、代金を盆暮れなどに受け取ったことがそもそもの始まりだ。制度化したのは一九五三年の四月。帳場票と顧客名簿を整え、個人向けの掛け売りを本格的に開始した。店員が目を付けた顧客のうち、審査部のチェックを通過した人だけが、いわゆる「お帳場客」になることができる。三越は選出基準について明らかにしていないが、多くは高額所得者で構成しているようだ。その人数は全国で約二十万人に上り、六十代が約七割を占める。帳場営業のプロの域に達するには二十年の経験が必要とされ、高度成長時代の三越成長の原動力となった。

7 「特集　不況でもいきなり売れ出す！『非常識』マーケティング　営業部隊ケース④三越お得意様営業部『お帳場』制度を見直し　全社横断的に上得意客にアプローチ」

『ビジネススタンダード』（2003年6月）

マイナス成長から抜け出せない百貨店業界の中でも、三越のお得意様営業部は設立4年で50％増の売上高を誇る。伝統の「お帳場」制度を改革し、いかに立て直していったのか？

◆ステータスの「お帳場」改革

三越には「お帳場」と呼ぶ制度がある。各社員がなじみの上得意客を抱え、そのお客が来店する際には自分の持ち場を離れ、1対1で店内の案内役を務める。そしてお帳場客には買い上げ限度額を設けず後払いで商品を販売。三越の社員にとって、お帳場客を持つことは一種のステータスとされた。

このお帳場制度は社員が1つの店舗に永年勤め、継続的にお帳場客とコミュニケーションを図ることで成り立つ個人技だ。だが、早期退職制度による人材の流出や人事異動に伴う引き継ぎが行き届かず、一部の顧客に十分な対応ができなくなっていた。実際、「いつお店に行っても担当者がいない」というクレームが増えた。

そこで１９９８年３月、三越はお帳場制度の改革に乗り出した。具体的には、お帳場客への対応を新設した「お得意様営業部」に一元化することによって、現場の販売員はお帳場客を全館案内するという対応から離れ、店頭販売に専念できる体制とした。

◆接客の素人集団から始まった

ところが、１つ問題があった。15人のスタッフでお得意様営業部を立ち上げたものの、そのほとんどが接客経験のない、販売の素人集団だったのだ。

「例えば電機室のような後方部門勤務で接客経験が全くない者たちもいて、中にはお客様と話をするだけで体が震える社員さえいましたね。」と、黒部篤志お得意様営業部ゼネラルマネジャーは苦笑交じりに振り返る。

こうした状況を打開するため、黒部ゼネラルマネジャーがしたこととは？

「15人の社員をエリア別に担当分けして、お帳場客の自宅を徹底的に訪問させることにしました。これは〝目的のない訪問〟です。お客様の自宅を実際に見て、あるいは直接会話して、お帳場客の様子を体で感じてくるように指示しました。」

お帳場客との接点作りは1年間、ひたすら続けられた。担当者の意識改革をするとともに、接客業の基本を叩き込んでいったのだ。そして訪問することによって得た顧客情報は、紙ベースで蓄えていった。

そうするうちにお得意様営業部へ直接注文が入るようになり、「今度お店に行くから案内してください」という要請まで舞い込むようになった。接客の素人集団は、着実に接客のプロへと変貌を遂げつつあった。同営業部の成果は認められ、1998年15名で始まった部員数は翌年130人の大所帯へと急拡大。現在の部員数は300人となった。

お帳場客と接して初めて分かったことは少なくなかった。例えば、ダイレクトメール。これまでは美術、宝石、呉服、毛皮など、カテゴリーごとの催事情報を案内していた。ところが、お帳場客の話を実際に聞くと、「興味のない案内が多い割には、興味のある案内は届かない」と需要と供給にズレがあった。もう1つは外商について。従来は担当者が必要に応じて厳選した商品を得意客のもとへ持参して販売する。ところが、これも実際にお帳場客の話を聞くと、「店頭でたくさんの商品の中から選びたい」という要望が多かった。

現場から得たこうした情報を基に画期的な催事が実行された。それが月1回のペースで行われる特別招待会（特招会）だ。これまでは美術や宝石といったカテゴリーごとの催事が多かったが、これを改め、全館を対象とした特招会を毎月開催する。こうすれば、案内するダイレクトメールと顧客のニーズにズレがなく、訪問販売に不満を抱いていたお帳場客も店頭で納得のいく商品を選べるわけだ。訪問販売は要請がない限り、行わないことにした。

「これまでの伝統的な1対1の接客を改め、お帳場客には必要な情報をこまめに提供するというスタンスに切り替えました。お得意様営業部は、店舗や店外催事への集客活動に特化して、来店されたお客様と専門知識のある販売員への橋渡し役になるように努めました。」（黒部ゼネラルマネジャー）

同営業部では1人当たり400〜500人のお帳場客を担当するが、特招会の案内状は全員に送付し、その後、必ず電話でも案内する。そして、来店した顧客に対しては、直接お礼を言い、館内を説明する小冊子とともに、専用の紙袋に入った「粗品」を手渡す。各売り場の販売員は、この紙袋でお帳場客を見分け、接客するという仕組みだ。

◆売り上げが当初の1・5倍増

電話や接客で得た顧客情報は、昨年導入した顧客データベースに、「属性」「趣味」「購買履歴」として蓄積されていく。顧客データベースでは、「記念日」「家族」などキーワードで顧客の情報を検索できるシステムだ。「来年あたり、引っ越そうと思っているんですよ」または「孫ができましてね」など、会話の中で拾った情報を次の販売機会につなげるために活用している。

こうした地道な努力は売り上げの増加に結実した。三越本店のお帳場客向け売上高は2003年2月期に400億円ほど。これはお得意様営業部を設立した4年前に比べ約1・5倍だ。また、店外で行う集客にも貢献しており、数年前までは1日2000万円ほどの売り上げだったある宝石の催事は、最近では1日1億円を超えた。そのうち70%以上の顧客は同営業部が動員したものだった。

「発足当初は、接客経験のない者たちの寄せ集めのようで、お得意様営業部というと肩身が狭かった」（黒部ゼネラルマネジャー）という同営業部だが、今では各売り場の担当者が催事前の商品説明に日参。その集客効果は他部署から期待され、花形部署に変貌を遂げた。

8 「集客とワンツーワンに徹する　三越のお得意様営業部」
『デパートニューズ』（2003年8月6日）

◆営業メンバーは素人集団～お客様本位の営業に　販売よりお客を知ること～
三越においてかつては大きな武器となってきたお帳場制度、売場別制度、店外催事などが制度疲労を起こし、今の時代に機能しなくなってしまった。十一万人の顧客を抱えながら崩壊の危機にあったお帳場制度は「お得意様営業部」に引継がれ、かつて売場担当者が実践してきたワンツーワンとおもてなしによるハイタッチ戦略でお帳場客から支持され甦った。平成十一年三月から本格稼働したお得意様営業部は特招会やイベント展開による店舗への集客で、大きな成果をあげ売上げを拡大してきた。本格稼働から五年経ち、売上げの伸び足が鈍ってきたことから同社では新規のお帳場客の開拓に乗り出し、今年（２００３年：引用者註）三月から稼働した情報システム「エルタス」で顧客情報を戦略的に活用していく。

お得意様営業部が組織されたのは平成十一年三月。その一年前からお帳場制を活性化させるための方策が講じられていた。三越のお帳場制といえば売場の販売員が接客を通じてお客様にしていく売場の正社員がもてる特権であり、かつては三越の強さを象徴する制度であった。そのお帳場制度が機能しなくなってしまった。年々正社員の数が減り、売場をもってお帳場客をアテンドする余裕がなくなり、転勤や出向になるとお帳場客の引継ぎもできず、制度自体崩壊をきたしていた。とはいえ、お帳場の売上げ規模はそれなりにあり、お帳場制度を切り捨てるわけにもいかない事情があった。どうすれば活性化ができるのか、お客様本位の商売を実現するための仕組みづくりに入った。そして、お帳場制度の活性化を担い、立ち上げたのがお得意先《ママ》営業部である。一年間の準備期間でエリア制、チーム制によるワンツーワンビジネスなどの仕事の仕組みをつくりあげ、平成十一年三月三百二十名でなるお得意様営業部がスタートした。お得意様営業部は従来の家庭外商とは一線を画した独特のものがある。基本スタンスはワンツーワンによるお帳場客への情報提供。訪問してもモノ売りはせず、コミュニケーションをとることが最大の役割。押し売りをしない替わり、イベントや店舗に動員することが営業の柱となる。したがって、二百五名（現在、部全体で約三百名）からなる営業マンの業績評価は売上げでなく、チーム単位によるお帳場口座の買い上げ額の前年比伸び率であり、特招会あるいはイベントに何組のお客様を呼び込んだのかという動員数、宅訪の件数、電話の件数なども評価の対象になる。売上げ予算は個々にもたず、まずはチーム単位、担当者一人でイベントに何組呼ぶのかが決められる。イベント当日は受付にチェックマンがはりつき、客が見込み通りきているかチェックされる。

イベントや特招会による店舗への動員を重視しているため、チーム制を導入して担当者が不在でも同じチームのマネジャーでもアシスタントでもアテンドできる体制とし、休憩や待ち合せ、クロークなどが利用できるお得意様サロンも拡充した。二十坪もなかったお得意様サロンは二百四十坪に拡大し、広いスペースの中に百六のソファーが置かれ、コーヒーを飲みながらゆっくりくつろげる。

ワンツーワンを最大限に生かしているのがイベントだ。まず各部門と連携してお帳場客が楽しめる内容のイベントを仕込む。イベントはお客に楽しみを与えることを第一に、レストスペースを設けたり、抽選会、担当者と客が会話できるスペースなどを盛り込み、ワンツーワンのイベントをつくりあげる。そして媒体で開催を告知する。媒体ではイベントの内容に触れず担当者が直接あるいは訪問して説明する。こうすれば顧客のニーズや反応を直に知ることができる。イベント終了後には来店した全顧客にサンクスレターを出しサンクスコールをして、一つのイベントビジネスが完結となる。もっているお客の数が少ない担当者で二百五十名、多い担当者で四百名おり、イベントの呼び込み電話、参加者全員に対するサンクスコールを合わせると電話をかける回数は一つのイベントだけでも相当の数になる。月に十三本〜十五本のイベントがあり、そのうち特招会や店外イベントについては組織集中方式を採り、開催期間中は冠婚葬祭以外全員出勤となる。全員出勤は月の三分の一にのぼる。

お得意様営業部のセールスメンバーは素人集団で形成されている。外商経験者はほとんどおらず、半分以上がマネジャー、ゼネラルマネジャーなどの元ライン。後方業務に携わっていた人なども多い。「高度な外商テクニックなどもつ必要はないし、過去のキャリアも一切関係ない。イベントあるいは店舗とお客様をつなぐ橋渡し役となって、お客様との接点づくりができれば成果が出る組織体系になっている」（黒部ＧＭ）。

とはいえ、営業メンバーの一人ひとりは〝ライフタイムアドバイザー〟としての役割を担っており、商品知識や情報では高いスキルを身につけている。五年の間に商品知識やコトの情報を身につけており、ワンツーワンがビジネスの基本だけに全セールス員が担当しているお帳場客の顔が見えていることは言うまでもない。一人当たり五十人位までは家族構成や部屋の中まで把握できているらしい。一般に外商マンは売り切る力、販売力が評価されるが、お得意様営業部の営業担当は「お客様を知る力が営業のスキルとなる」。

◆お帳場客売上げ400億円に～新規のお帳場客開拓へ　貢献売上げ依然2桁の勢い～

今から五年前のお帳場客の売上げは十一万人で二百四十億円だった。それがお得意様営業部が立上り、五年たった現在はお帳場客の数は同じでありながら四百億円の規模に達している。お帳場制度のワンツーワン、おもてなしの精神がお得意様営業部に受け継がれ、お帳場制度が活性化したといえる。五年間の間にお得意様営業部のビジネスは確実に売上げを拡大してきた。その伸び率は平成十一年上期が十四・五％増、下期が二五・八％増、十二年上期九・八％増、下期一〇・一％増、十三年上期九・四％増、下期十一・九％増、十四年上期五・八％増と順調そのもの。しかしながら昨年下期は初めて前年割れ（一・九％減）となった。今年も三月～五月までで五％前後のマイナス。「お帳場の顧客購買力が限界に達したのでなく、今の経済情勢と相俟って踊り場に入った」（黒部GM）からで、これを見越したように三越は今年（2003年：引用者註）三月からお帳場客の新規顧客拡大に乗り出した。これにより新規口座が月に二百～二百五十口座加わり、ワンツーワンによる接点づくりの再強化の徹底もあって六月からはプラスに転じている。

十一万人からなるお帳場の口座売上げが鈍化してきたのに較べ、依然勢いがあるのが貢献売上げである。貢献売上げとは特招会やイベントに代表されるようにお帳場客をアテンドしてつくられるエスコート（担当者つき）売上げのことである。その伸び率は平成十一年上期一四七・四％増、下期二二一・三％増、十二年上期一一四・七％増、下期三〇・五％増、十三年上期二七・五％増、下期三一・〇％増、十四年上期三三・五％増、下期一五・六％増、今年上期が六月までで一〇・六％増となっている。百貨店の外商が出入りしていることがステータスとなっていた時代は持回り販売にも威力があった。今や持回り販売を嫌う外商顧客が増え、外商顧客の高齢化で世代交替も始まり、新しく財布のヒモを握る世代は従来の売り込み型外商を受け入れないかも知れない。

原則として訪問先ではモノを売らず、ワンツーワンによるコミュニケーションによって、店舗やイベントに動員をかけることに狙いを置いた戦略は正解といえる。お帳場向けの特招会やイベントが当たっていることがその証しである。

新規お帳場客の拡大とともに本格化させるのが三月一日から稼働した情報システム「エルタス」による顧客情報の戦略的活用。「この半年間で全国的に顧客情報をコントロールできる機能を高め、地方のＶＩＰもとり込める体制を構築する」（黒部ＧＭ）計画。

◆一万組超動員する特招会〜月十三〜十五本イベント展開〜

家庭外商顧客などを対象とした百貨店の特招会は店外で催されるのが一般的だが、三越の特招会は店舗である日本橋本店が会場。毎月一回ペースで開いている三越の特招会には一万組以上の来店がある。当初は一日のみの開催でありながら三千組近くの動員があり、一億円の売上げを計上していた。それが三日間の特招会になってからは一気に五億円を突破、今では一万三千組を動員することもあり、売上げは十億円〜十一億円規模になっている。

同特招会には主人も含めた家族連れの来店が多い。自宅に訪問してもほとんど留守にしている主人と接点がもてるとあってアテンドにあたるお得意様営業部の担当者は積極的にコミュニケーションを交わす。同特招会には売上げも動員も落ちない強さがある。「動員数が最終動員確約よりも減ったことが一度もなく、特招会が悪天候とぶつかろうと、一万組以上の動員がかかる」（お得意様営業部ゼネラルマネジャー黒部篤志氏）。十一万人のお帳場客のうち八万人が稼働している中で特招会に参加しているのは四万五千人程度とみられる。その中で半年に六回参加している人は五百人しかいない。半年に一回が七五％、これに半年に二回を合わせると八割までを占める。それだけ特招会にくるお帳場客の顔ぶれが毎回変わっていることが好循環となって売上げ、動員を下振れさせない。

特招会以外にもお得意様営業部が対応するイベントは月十三本〜十五本展開されている。これらのイベントの中には中央ホールで開くイベントから大使館での宝石展、陶磁器展や宝飾などのイベントなど多彩。これらのイベントの多くも見込み客数に対して九割以上の動員がとれている。動員だけでなく、売上げでも客単価八万円の宝飾展で一億円の売上げを計上する程だ。

何故にこれほどまでに動員がかかるのか、その鍵を握っているのがお得意様営業部である。

9 「営業力重視から関係性重視へ　得意客の売り上げを一気に拡大」
『月刊アイ・エム・プレス』(2003年9月)

各売り場担当者が得意客を手厚くケアする三越のお帳場制度は広く知られているが、お得意様営業部の発足により、得意客とのコミュニケーションはさらに強化された。現体制にたどり着くまでの模索と、得意客との関係作りに迫る。

◆**稼働率低下の原因はニーズと提供する情報のミスマッチ**

三越では越後屋時代から伝わる、得意客を各売り場担当者がOne to Oneでケアする「お帳場制度」をより活性化させるため、1998年に「お得意様営業部」を発足させた。当初15名でスタートした同部は現在300名体制にまで拡大し、得意客を特別に招く「特別招待会」の客単価は8万〜9万円。3日間でおよそ10億円を売り上げるなど、著しい成果を上げている。現在、得意客だけが持つ「お帳場カード」の発行数は11万5,000枚。うち95%に当たる11万3,000名の得意客を同部が預かり、徹底したOne to Oneを実施している。それではまず、なぜ同部が発足するに至ったのか、その経緯から説明しよう。

お得意様営業部　ゼネラルマネジャー　黒部篤志氏によると、1998年当時は、担当者が顔を覚えていない得意客の数は全体の半数に達していた。これは社内調査の結果明らかになったもので、その理由としては、まず人材の流動化により顧客の引き継ぎがスムーズにいかなくなったことが挙げられた。また、少数精鋭を基本とする経営戦略により、ひとりの担当者が抱える顧客数が飛躍的に増加し、引き継ぎの際に顧客に挨拶ができない、また、顧客宅を訪問できないなどの状況が生まれていた。しかも顧客情報は各売り場担当者が保有するなど、社内のあちこちに分散していた。

そこでまず同部では、これまで売り場がケアしていた休眠顧客4，000～5，000名を預かり、スタッフ15名に対してエリアごとに顧客を振り分けて顧客訪問を実施。営業は一切抜きで顧客とのコミュニケーションを図り、顧客が三越に対してどのような気持ちを抱いているかをリサーチした。「担当者が挨拶に来たのは初めて」という声が出るなど、休眠顧客とは言え、One to Oneを重視してきたはずの同社にとっては「大変なショック」（黒部氏）だったという。「まずは顔を覚えてもらおう」。ひたすら顧客宅を訪問し、顧客と直接触れ合ううちに、2つの大きな発見があった。

ひとつは、顧客が望んでいる情報や商品と、同社が届けるそれとに大きなミスマッチが生まれていたこと。もうひとつは、「商品を自宅に持ってきてもらうよりも、実際に売り場に足を運び、より多くの商品の中から好みのものを見つけたい」という要望が多数を占めたことである。商品情報があふれ、交通の便が発達した現代社会においては、まず来店を促進し、多くの商品の中からセレクトするための手助けが大切であることを痛感した同部は、徹底した関係作りによる来店促進を業務目標に掲げた。そして、顧客の要望が明確になってきた1998年夏に、服飾雑貨部の得意客およそ4，500名を対象に、本格的な活動をスタートさせたのである。

特別な要望がない限り、顧客宅を訪問する際に商品を持参することは「原則禁止」（黒部氏）。「せっかく来てくれたのだから何か購入しなければ」と感じがちな顧客のプレッシャーやストレスを取り除き、この担当者とは付き合っても大丈夫という安心感を感じてもらうことで信頼関係を築いていった。同部発足からおよそ1年間を、とにかく顧客の元へ足を運び、帰社したらお礼の電話、その後にサンクスレターを送付するなどのコミュニケーション作りに費やしたのである。

◆予想をはるかに上回る得意客が来店

こうした中、お得意様営業部は1999年に120名体制へ移行し、各スタッフが200～400名の得意客を担当することとなった。この段階では、3つの改革が行われた。ひとつは、「担当顧客は自分の顧客ではなく三越の顧客」という意識改革の徹底である。同社の顧客を担当者が「お預かりする」という意識を浸透させた。次に、チーム制の導入である。まず顧客ひとりに対し正担当者1名を決め、それをサポートするアシスタント2名を配置する。来店時に担当者が不在の場合にはアシスタントが対応、それもできない場合にはマネジャーが対応し、いつ得意客が来店しても顔見知りのスタッフがいるという体制を築いた。

情報提供を主とした顧客訪問、電話、はがき、来店時の手厚い対応により、顧客の気持ちは徐々に変化。それに伴い、来店頻度が高まっていった。当初、得意客専用に設置されたサロンの利用者数の目標は平日100名、土日150名だったが、実際にサロンを訪れた得意客数は平日200名、土日300名と予想を大きく上回った。さらに現在では、平日400名、土日600名に上っている。

◆コミュニケーション法は顧客宅訪問、はがき、電話

それではここで、現在300名体制にまで拡大した同部のコミュニケーション法について紹介しよう。同部の業務目標は得意客の来店促進にあるので、自宅訪問などによる関係作りや、月に13〜15回開催されるイベント、および毎月開催の得意客のみを招待する特別招待会（1回当たり3日間開催）への案内が大切な役割となる。来場した得意客は必ず担当者が案内するが、担当顧客が来場しない場合でも、全スタッフに原則としてすべてのイベントに出席することが義務付けられている。

イベントについては、売上目標から何名の動員を図ればいいかを逆算して、スタッフひとり当たり何名の得意客を招致するかを決定する。これまでに蓄積したデータから、イベントの内

容によって客単価を予測することが可能なので、イベントの企画段階で、何名の動員が必要かの提案も行うことができるという。その一方で、「おもてなし」をするための環境が悪化しないよう、想定人数を大幅に超えるような動員は行わない。ただし特別招待会は別で、得意客全員に案内し、現在、３日間行われる同会の平均来場者数は１万２，０００名、客単価は８万～９万円で、３日間で平均10億～11億円を売り上げるという。

イベント案内は、はがきと電話で行う。一般のイベントの場合には手書きのはがき、特別招待会は印刷したはがきをまず送付するが、これには企画趣旨などが説明されているだけで商品の説明はほとんどない。しかも送付するのは、このはがき1枚だけだ。ではどうやってイベントの詳細を顧客に伝えるのか。それは電話である。一般のイベントの場合には、規模にもよるがスタッフひとり当たりおよそ20～30件、特別招待会の場合は全得意客に対して電話をかけ、イベントの詳細を直接、個別に案内するのである。来場客には一人ひとりに対して、内容の異なる手書きのサンクスレターを送付する。また、年賀状も手書きが義務付けられているという。

これだけ多くのイベントに対する来場を促すためには、普段からいかに密接な関係を築き、顧客のニーズを把握した上で適切な情報を適切なかたちで伝えるかがカギとなる。だからこそ、同部ではイベント動員にどれだけ貢献したかで、スタッフの評価を行っているのだ。

◆コール状況も把握　顧客情報システムが始動

顧客情報は、2003年3月に稼動を開始した顧客情報管理システム「LTASS（エルタス／Life Time Adviser Supporting System）」で管理されている。それまで手書きで蓄積されていた顧客情報を、2002年に一気にデータ化。現在では、顧客の購入履歴・趣味趣向《（ママ）》・来店状況・イベントへの来場状況や、スタッフの会議記録・営業記録、電話がつながった件数などの行動記録を、すべてLTASSで管理している。マネジャーはチームが担当している全顧客の、一般スタッフは担当顧客のデータを閲覧できるようになっており、必要な情報が常時アウトプットできる。

LTASSの稼動と同時に、同部では15名体制のコミュニケーションセンター（Cセンター）を発足させた。同部が預かる11万3,000名の顧客のうち、担当者が完全なOne to Oneを必要としないと判断した顧客や、そうした対応を望まない顧客など、約3万名をCセンターが担当し、特別招待会の案内などを電話で行っている。

◆持続的な成長のカギは新規顧客の獲得と全社的対応

お得意様営業部の成果はめざましい。得意客の売り上げは口座ベースで計算されるが、この数字は1998年以降3年間、年率10％の割合で増加。2002年度は日本橋本店のみで400億円、全国で580億円に達した。しかし現在は正念場を迎えており、昨年上期より売り上げの伸びが前年同期比６％程度にまで低下しているという。ただ、今年6月には上昇傾向に転じており、黒部氏は「こうした数字には現金による購入や他社クレジットカードによる購入が含まれていないため、実質ベースで考えると依然として堅調な伸びと考えられる」と話している。

それでは、同部の今後の課題は何だろうか。それは、いかに新規顧客を開拓するか、そして得意客対応をいかに全社へ拡大するかである。これまで同部は既存顧客の活性化に注力してきたため、新規顧客の開拓はほとんど行っていなかった。「既存のお得意様については数年かけて、今後どのようなお付き合いができるかを見極めてきた。既存のお客様で手一杯の状態で新しいお客様を開拓すると、拙速な見極めから大切なお客様を逃してしまう可能性があった」と黒部氏は振り返る。しかしお帳場カードは2年間購入がないと取り引きが停止されるため、売り上げを確保するには新規顧客の獲得も極めて重要な課題だ。

そこで同部では、Ｃセンターに顧客を割り振ったのを機に、新規顧客の開拓に取り組み始めた。方法は2つあり、まずひとつ目は、顧客による友人の紹介である。関係が深まるにつれ、「友人を紹介したい」との声が頻繁に聞かれるようになり、被紹介者が顧客と一緒に来店する機会をとらえ担当者が挨拶。交流をスタートさせている。もうひとつは顧客の家族を紹介してもらう方法で、家族ぐるみの付き合いを深めていくパターンである。

こうした取り組みは始まったばかりだが、すでに月２００名のペースで新規の得意客を獲得している。

一方、これまで同部だけで行っていた得意客対応を、全社的な活動に拡大しようとする試みも始まっている。同部で「この顧客はこのブランドが好き」と把握していても、売り場の協力がないと、新商品が入荷した際に素早く得意客に情報を伝達するなどのケアはできない。そこで同部では、今年上期より試験的にゴルフ用品を販売するプロギア（ＰＲＧＲ）の売り場と連携。売り場担当者に得意客の顔を覚えてもらい、来店した際には同部担当者とともに商品選びをサポートするなどの試みを始めている。下期には美術など、より広範な部門にこうした取り組みを拡大したい考えだ。

小売業では、いかに多くの商品を販売するかの営業力を問うのは当然のことと考えられており、営業担当者の評価も売り上げベースで行われることが多い。これは利益を追求する企業活動において当然のことだが、同社ではあえてイベントの来場促進＝顧客との関係性強化を中心とした得意客対応に切り替え、顧客の信頼を勝ち取ってきた。「売り上げは結果にすぎない」と黒部氏は言う。８月１日には担当者を再考するなどして新体制を敷き、得意客のさらなる獲得と、より密接な関係作りを目指す。

10 「三越日本橋本店、新規客獲得へ接客磨く――研修刷新、売り場責任者2割増。」

『日経MJ』（2008年11月5日）

◆近隣店増床にらむ

三越は日本橋本店（東京・中央）の店頭販売の強化を急いでいる。売り場責任者を二割増やしたほか、接客、展示手法などの研修も刷新した。これまで外商顧客など「お得意様」を中心に年間売上高二千七百億円を稼ぎ出す国内最大の百貨店だが、近隣の高島屋東京店（同）や大丸東京店（同・千代田）の増床などをにらみ、新規顧客の獲得が不可欠と判断した。

　売り場の最少単位の販売責任者、「ショップマスター」を一・二倍の百二十四人に増やした。婦人靴、紳士服など大きな区分の売り場単位に複数のショップマスターを配置すれば、「中高年向けの婦人靴」「カジュアルな紳士服」などより細かい売り場単位に区分できる。商品知識を深めることができ、接客レベルが上がるとみる。ほぼ全員正社員でパートらの指導も強化する。

　同時に研修体制も強化する。第一弾として婦人服でロールプレイを取り入れた特別研修を実施した。下期中に紳士服、婦人雑貨など他部門にも広げる。

　VMD（ビジュアル・マーチャンダイジング＝視覚に訴える展示手法）も見直す。これまで展示のタイミングなど原則がなかったが、週ごとに立案する販売計画と連動した展示にするなど、マニュアルに沿った運営に改める。このため、部長、マネジャー、ショップマスターとほぼ全役職が手順を習得できるように促す。

日本橋本店の売上高は九月まで五カ月連続の前年割れながら、減少幅は八月以外は業界平均よりも小さい。四－九月、新規顧客を増やす狙いで新聞折り込みチラシを前年同期の一・六倍の二十六回とほぼ毎週投入。その結果、同期間の来店客数は前年同期比四・二％増と百貨店市場が停滞する中では好調だったことが一因だ。販売体制を強化すればより新しい顧客を増やせるとみる。

三越全店の売上高のうち、「お帳場」と呼ぶ優良会員の売り上げ構成比は〇八年二月期で全体の一五％を占める。日本橋本店には特にお帳場会員が多数訪れる。同会員には担当者が付き、来店すると買い物について回ってくれる。常連客のニーズを把握する方が売り上げにつながる傾向が強く、新規顧客への売り込みは二の次になりがちだった。

このため、三越伊勢丹ホールディングスでは、伊勢丹の大西洋氏を日本橋本店の常務執行役員ＭＤ統括部長として派遣し、サイズ切れ、分かりにくい展示などに起因した売り逃し対策を進めている。

11「私のビジネステク　心をつかむ三越お得意様営業部部長　川村雄太郎さん」

『日本経済新聞（夕刊）』

(1) 信頼はぶれない接客から（2003年9月27日）

モノが売れない――。こんなぼやきがテレビや新聞紙上にあふれています。財布のヒモを緩める方法はないのでしょうか。二十五年間、多い日は二十人ほどのお買い物の相手をしてきた私の経験をお話しします。

入社して二年目のこと。六階の宝飾品売り場にゴム長靴姿の男性が来られました。服装も全くの普段着です。そして「金地金を三十万円分届けてほしい」とおっしゃいます。いわゆる「冷やかし」のお客さんも多い売り場なのですが、相手は目をそらさず真顔です。「ひょっとしたらこのお客様は大変な上得意になるかもしれない」と、ピンときました。

地金を持って東京の下町を訪ねてみると、大きな邸宅がありました。ガラス加工の自営業の方でした。

「預金通帳と印鑑を渡す。銀行と支店長には連絡しているので、全額おろしてきてくれ」と言われてびっくりしたのは、それから二、三年後。五千万円を引き出して戻ると、「その金で買える分だけ金地金を買ってほしい」と言われました。

若造によくも通帳まで預けてもらえたものです。最初の出会いのときに色眼鏡でみるのでなく、普通に応対したのがよかったのでしょうか。おつきあいの程度で顧客対応に多少の「区別」が出てくるのはどこの業界も同じですが「差別」はいけないと痛感しました。

お客様には暴力的な振る舞いで「値段を安くしろ」「修理しろ」と迫る方もいます。圧力に屈したり、一時の歓心を買うために要求に応じてしまいがちです。しかし、できないものは「できない」ときっぱり話すことが肝心です。

われわれが発するひとつひとつの言葉は重いのです。その言葉が誰に対してもぶれないことが信頼につながります。

(2) 売らないのも商売のうち（２００３年10月４日）

「お客様、はっきり申し上げますが、そのブローチは似合いませんのでお薦めしません。」無礼を承知で、四十～五十歳のご婦人に申し上げたことがあります。

イタリアフェアにお見えになったそのお客様は、何種類かのカメオのブローチを前にして悩んでいらっしゃいました。一点百万円を超す高価な品物です。

「安い買い物ではありません。必要ならば取り置きもいたしますが、冷静になってもう一度お考えになっては……」というと、「わかったわ」。プイと横を向いてお帰りになりました。はるばる飛行機に乗ってこられる地方の方でした。

それから数カ月後、こちらからイタリア製の夏向きのネックレスをお薦めしました。百八十万円もする商品でしたが気に入っていただき、「ありがとう」と感謝されました。

おばあさまとお見えになった若い女性に「そのお年ではサファイアはまだお早いでしょう」と申し上げたこともあります。買ったあとお客様に後悔させたり、間違ったと思わせたりしては元も子もありません。販売員だけでなくお店自体の信用を落としてしまいます。必要なのは相手の目線に立つことだと思います。

販売員は目先の売り上げを上げたいと思い、何でも薦めがちです。カメオのブローチでも、売り場の担当は「あれもよい、これもよい」と薦めていました。経験の乏しい店員と私の違いは「品物を買わせない勇気」を持っているかどうかという点かもしれません。

要は通り一遍の応対ではいけないということ。例えばアクセサリーを直してほしいと修理に訪れたお客様に「保証書はありますか」「当店でお買い上げですか」と応対するのが普通かもしれません。

それではいけません。その品物に愛着があり、店に期待しているからこそ、持ち込んでくるのです。その気持ちを十分くみ取っていくことで顧客のハートをつかめるのではないでしょうか。もちろん、修理ができるかどうかを確認するのが大前提ですが……。

(3)「対話」絶やさず　こまめに便り（2003年10月11日）

「なかなかやるわね。」と、誰でも知っている女性脚本家に褒めていただいたことがあります。自筆のはがきを差し上げたときでした。

私の一日は、顧客にはがきをしたためることで始まります。会社のはがきではなく、文房具店で購入した季節感あふれるものを使います。その脚本家に感心していただいたのは、「ワープロを使えば楽なのに」と尋ねられて、「たとえ字が汚くても、自筆の方が伝わると思います」と答えたときでした。

若いころは休みを利用して欧州へスキー旅行に出かけていました。その旅先からよく絵はがきを送りました。「ああそうか」と思う方もいれば、「一体何だろう」と思う方もおられるはずですが、どちらでもいいのです。顧客に何らかの印象を持ってもらうこと。そこが重要です。はがきは「種まき」なのです。ちょっとした便りから、コミュニケーションが深まり、顧客との距離が縮まります。コミュニケーションの手段には電話もあるわけですが、手紙やはがきのほうが気持ちが伝わります。一斉に送るダイレクトメールでも、封書だけ別にあつらえて、一筆添えることもあります。

時候のあいさつに続けて、来店のお礼を申し上げたり、ごぶさたのお客様にさりげなく催物のご案内をしたり、お嬢様がご結婚すると小耳に挟んだらお祝いを述べたり、内容は様々でよいと思います。ごく簡単でよいのであって、余計なことは書く必要はないでしょう。

コミュニケーションといえば、お茶の効用も見逃せません。わざわざ来店していただいたのですから、買い物が済んだらすぐお別れするのではなく、お茶でもいかがですかとお誘いし、歓談することで、お客様の気持ちがなごみ、次の商談につながることは少なくありません。

一人ひとりのお客様に接することができる時間はそう長くありません。限られた時間の中でどう接点を保っていくか、工夫が求められると思います。

⑷ 逆境で痛感「商売に近道なし」（２００３年10月18日）

つい先だってのこと。子連れのお客様が御自身用の時計とスーツ、それにおもちゃを購入された。「自宅に届けて」と指示されたので、時計の微調整やスーツの修理をして、合わせてお持ちしようと考えました。

ところが翌日、「何を考えているんだ。買ったものはもう要らない。全部返品する」としかられました。なぜおもちゃをすぐに届けなかったのか、というのです。「子供が待ってるわけないだろう」というわけで、確かにそうだなと思わざるを得ませんでした。

お客様の目線に立って、という基本は忘れていないつもりでしたが、はっとさせられました。クレームやおしかり、苦境から謙虚に学び、いかに次の商売に結びつけるかは重要なことだと思います。

逆境といえば、一九八二年の岡田（元社長）事件のときは大変でした。「古代ペルシャ秘宝展」の偽物騒ぎなどに端を発し、経営の屋台骨が揺らぐ騒ぎとなりました。まさにその時期、何百万円もするペルシャじゅうたんを営業車に積み込み、お客様にお勧めしていたのが私です。

「持って帰ってくれ」と返品されるのは序の口。門前払いや居留守を使われたり、「のれんが傷ついた百貨店の担当者を信頼するわけにはいかない」とほかの商品までお取引をおやめになったりするお客様が相次ぎました。

くじけそうになる自らを奮い立たせ、どんな罵声（ばせい）を浴びても、繰り返し繰り返しお客様のもとに足を運びました。そのうち、「顔も見たくない」というお客様の物腰が「また来たのか」というように変わってきました。

元に戻るまで一年はかかったかと思いますが、結局コミュニケーションを絶やさず、心から反省と誠意をお見せすることで、信頼を取り戻すことができたように思います。

商売に「えびでたいを釣る」ようなうまい話はありません。二十年前の苦い経験が与えてくれた「継続は力なり」という教訓を、今でも肝に銘じています。

(5) 経験でつかむ独自ノウハウ（2003年10月25日）

お客様が重要顧客になるかどうかの見極めは「勘」が決め手になる、と書きましたが長年の経験で見いだしたノウハウがないわけではありません。

【身なりは地味め】 派手な服や宝飾品を身につけて来店されたお客様は、案外財布のヒモはかたいもの。財布の中で数十枚のお札がうなりをあげているようにわざとお見せになったりするような方も、取引としては長続きしないことが多い。地味で、第一印象が控えめな方ほど長いおつきあいができる傾向にあります。

【女性の二人連れは……】仲の良い友達という風情の女性二人連れ。商品を手に取って、いかにも楽しげです。ところがこのケースは商売になかなか結びつきません。表面上はにこにこしていても、実はお互いがけん制しあっていることが少なくありません。

女性にせがまれて男性が鼻の下を伸ばしているような若いカップルも案外いけません。男性が即決できず、「今日はやめておくわ」となりがちです。目的買いのお客様をいかに早く見つけるかが重要で、単独の男性客や中年のご婦人の方が脈があるものです。

【なにげない一挙手が命取り】販売員自らも我が身を振り返らなければなりません。たばこを吸われるお客様に百円ライターを差し出してしかられたことがあります。マッチでもいかがわしい店名が入っていたらアウト。何気ないところで人の印象はずいぶん変わるものです。

【三つの肉を落とせ】以前、ユーモア好きのお客様に「肉が好きか」と尋ねられました。「ハイ」と答えると「ボクは三つの肉が嫌いだ」といわれました。「皮肉、ぜい肉、そしておあいにく……」思わず笑ってしまいましたが、接客の際の心得としても大切な気がします。

「コツをつかんだ」とひざを打っても売り上げは伸び悩んでいた、といった具合に、一筋縄ではいかないのが商売です。まさに「商いは飽きない」。日々、精進あるのみだと思っています。

12　平出昭二元㈱三越専務・本店長インタビュー（2018年9月6日、鎌倉）

〈平出昭二氏　略歴〉

1940（昭和15）年　鎌倉生まれ
1963（昭和38）年　慶應義塾大学経済学部卒業
　㈱三越入社　紳士ズボン売場配属
1965（昭和40）年　仕入部紳士服部
1982（昭和57）年　香港三越支配人
1990（平成2）年　事業開発本部長
1991（平成3）年　仙台店長
1993（平成5）年　本店次長
1998（平成10）年　営業本部副本部長・常務取締役
1999（平成11）年　本店長・常務取締役
2001（平成13）年　本店長・専務取締役
2004（平成16）年　日本百貨店協会専務理事

2008（平成20）年　退任

鈴木：本日は、お時間を頂き、ありがとうございます。現在、帳場制度の歴史をとりまとめており、お得意様営業部立ち上げ期に本店長として、改革の旗を振った平出さんからお話を頂戴できることはとても有意義なことだと考えています。ぜひ、よろしくお願いします。

さっそくですが、帳場前主に関わる印象的な思い出があれば、教えてください。

平出：紳士ズボン売場での3年間、そして本店長時と数多くの帳場前主と接してきたけれど、自己主張が強い方から真のノブレス・オブリージュの方までの中で、私の経営哲学のベースになった二人だね。

◆高齢の弁護士

本店長時代、ジャイアンツ優勝セールの初日にお客様をお出迎えしていると、「君が本店長か？」と聞かれ、「三越というのは公器なんだから、宗教・政治・スポーツ分野で特定の人・団体を支援すべきではない」と言われた。「私も巨人ファンではありません。しかし、三越と読売新聞社のトップ間で決めたんです。決まった以上、全力でやらせて頂いております」と私は率直に説明した。すると、お客様からは「そこまで分かっているならばよろしい……」と言って、去って行った。「帳場前主っていうのはそういう見方をしてるんだな」と実感した。我々は確固たる考えを持たないといけないと実感した。

◆中小企業オーナー

私が本店長だった時、「挨拶に行くので、日ごろお世話になっている帳場前主を10名ずつリストアップして、自分の所に持ってくるように」と各部の部長に指示したのだけど、1週間経っても、2週間経っても出してこなかった。机叩いて怒ったんだよ。「俺は本気で挨拶に行くと言っているんだ！　大体、三越の本店長なんて開店の挨拶もしない。帳場前主の所にも挨拶に行かない。今の地方百貨店の社長を見てみろ！　社長なのに毎日お出迎えして、お得意様とお付き合いしているじゃないか。そういうことをやらなければならないんだ！」

結局50人くらいのリストをもらった。それぞれ挨拶のためにご自宅へお伺いしたが、その時にある方にこう言われた。「私は中小企業のオーナーだが、東京都に毎年数千万円寄附をしている。これを天界はちゃんと見ているんだ。これがつづく限り私は生きているということだ。だから私は長生きができている」その方は当時90歳だった。現世っていうのはね。天界に行くための修練場なんだよ。社長だ、専務だ……なんだかんだと威張っても駄目なんだよ。世のための人のために頑張っていれば肩書きなんてなくても、天界に行けば報われる（笑）……という発想を学生時代に勉強したことがある。だから、このお客様の話を聞いてハッとした。共感したんだね。

結局、三越の帳場前主には凄い人がいるということだよ。

三越はね。ノウハウがあると言っても、実は文章にまとめられたものというのはないんだよ。ノウハウというのは指南書になってこそ、ノウハウなんだ。三越の指南書というのは日比翁助の『小僧読本』。そして、今回まとめて頂いた、この『伝説のONE TO ONEマーケティング』。この２つしかない。

鈴木：平出さんが本店長であった４年間。お得意様営業部を様々な点で支援して頂きました。そのおかげで完全に軌道に乗せることができましたよね。

平出：本店次長時代（１９９３〜97年度）には、「企業全体として、いずれ構造改革をせざるを得ない」という話は聞いていた。「帳場制度が既に制度疲労している」ことも労使会議にも出席して話には聞いていたが、主体的には動けるわけではない。しかし、絶好のチャンスだ。いずれ自分が本店長になるのであれば、中途半端でなく、改革をしようと思っていた。

実際に1999年度には本店長になった。その時は「改革によって売上は2割落とすだろう」と覚悟した。当時は日本橋本店の売上が2000億円あると言われていたけども、外商や通信販売もあり、売場別売上・全店販売・店外催事といった営業施策があって、純店頭では1000億円しかない。こうした営業施策の売上が3割あると思っていた。だから下手したら2割減になる。いろいろ手を尽くしても前年を確保できれば良い、と思っていた。ところが、上手くいった。お得意様営業部ができて、黒部篤志君（お得意様営業部ディビジョンマネジャー、後ゼネラルマネジャー）が支えた。店頭は升野高東君（販売促進部ゼネラルマネジャー）がいた。この二人がいたから上手くいった。今、「なんとかファースト」とか掛け声だけのリーダーもいるが、リーダー自ら実現するための仕組みを作って、部下に仕掛けを作らせて、初めて現場は仕事ができるんだよ。

鈴木：その当時のお話を伺うと、おもてなしができていない前主が大半でしたね。しかし、半蔵門線が三越前駅まで延伸する時等、帳場前主をどんどん増やしていった。当時の津田尚二本店長（後、社長）が三越劇場での方針説明の時に、「男が店頭にいても仕方がない」「お帳場で本店の売上を作っていきたい」とのコメントがあったようですが、その当時の労働組合職場会の話を聞くと参加者からは「冗談じゃない。帳場前主を引き継いで、どんどん増やしていって、『担当しろ！』と言われても何もできない！」との意見があっちこっちで出ていた。もともとの帳場前主に対しても、ベテランは社員が転勤や出向でどんどんいなくなってしまって。これは、「売場別売上があるからいけない」「このままいくと帳場制度はダメになってしまう……」そんなやりとりが当時の労使会議ではあったんですね。

平出：その時は本店次長だった。脇から聞いていたが、その話は理解できたんだ。香港三越から帰任する時、もともと紳士担当だったので、紳士の部長になるのかなと思っていたら、家庭用品部の部長になった。これを1年やった。これが良かった。この経験がなければ、今回の決断はできなかった。当時の坂倉芳明社長、いろいろ言う人もいるが、三越の悪いところに気づいていた。三越は出身部門からずっと替わらない。将来の経営者を育てるためだ。三越の悪いところはそこでしょ。雑貨出身の人が雑貨の部長をやって社長になる。坂倉さんは西武百貨店時代に部長クラスの部門入れ替えをずいぶんやったらしい。(仙台店長から)本店に戻ってきたら、売場別、全店販売、店外催事ばかり。毎日午後5時からの売上報告会も、各部部長が店長から売上を詰められて大変だった。これもやり方次第なのだが……。

鈴木：帳場制度の崩れていった理由は2つあって、1つは扱者と帳場のミスマッチ。扱者は転勤や出向などでどんどんいなくなるのに、帳場前主は増えていく。もう1つは売場別売上。明らかに、帳場前主の本意ではなくて、売り込んでいく体制になってしまった。

お得意様営業部の設立の1年前（1997年度）から、新しい帳場前主は募集しなくなっていた。さらに、三越ゴールドカードに統合していこうという動きもありました。その当時から「売場から帳場前主を切り離さないといけない」という認識は経営側にもあったと思うのですが、しかし「具体的にどうすれば良いのか？」誰も分からなかった。当時は日本橋で約7万件の口座があったし、扱者は売場にいたし……一方で呉服や美術部は「帳場制度は売場にあってこそ機能する！」と言って離さない。

平出：1991年度に仙台店長になったが、美術の不良債権の責任を取って降格になった。いろいろ苦労しているんだよ(笑)。しかし、「いつかは本店長になってやる！」との覚悟で猛烈に勉強した。1993年度からは本店次長になって当時の本社・本店経営・労組の議論を脇から聞いて、常に自分がリーダーになった時にはどうするのか、考えていた。ちょうど20世紀から21世紀へ移る直前でもあり、20世紀と21世紀ではモノサシが違う筈だし、それを具現化するのは自分だと考えていた。

具体的には……、

1　伝統と革新をどう具現化するのか？
2　全てが制度疲労しており、それにメスを入れる
3　働き方改革、組織改革
4　人材開発
5　生涯顧客

という5つのテーマを掲げ、考えていた。2つ目の制度疲労については以下の4点。

イ　売場別売上制度
ロ　全店販売
ハ　店外催事
ニ　帳場＝扱者制度

このうち、「イ　売場別売上制度」「ロ　全店販売」は全廃。「ハ　店外催事」は縮小。「ニ　帳場＝扱者制度」は組織対応すること。

そして、1999年度には本店長になり、自らこういった課題を率先垂範する立場になり、上記諸改革を断行した。

鈴木：改革が成功した最大の理由は何だと思いますか？

平出：それはリーダーの旗振り次第ということだ。店長自らが現場と一緒になって動かないと改革は成就しない。特招会の時に扱者の皆さんが書いてくれたお客様の声は全て読んで、全てに赤を入れて指示を出した。これは販売促進部、これは総務部……これはお得意様営業部と、対応する部門に投げかけた。

鈴木：店長自らが現場の声に積極的に対応する姿勢がモチベーションを高めたんですね。そんな声を踏まえて、特招会における「10％優待パスポート※」が導入されることになったんですね。

※カード優待率にかかわらず、10％優待が受けられるもの。適用除外商品あり。

平出：経営会議に諮って判断を頂いたが、最後まで「10％優待」の承認が得られるか否か分からなかったが、結果としては井上社長（当時）が判断した。

本店長時代を振り返って、心残りとしては、次世代帳場を増やす取り組みが不十分だったこと。各営業部にも声を掛けていったが十分な成果には至らなかった。

鈴木：いずれにしても平出さんは現場に入り込んで、分かり易く施策の主旨を説明してまわっていたように思います。

平出：店長自らが仕掛けないと現場は動かない。

こんな時代だから、上手くデジタルを活用していくことが必要だと言われる。実際の帳場前主の情報もインプットして分析していくと自動的にいろいろなことができるようになるだろう。それは大切。だけど、顧客との信頼関係はデジタルではできない。最後は人なんだ。だから、リーダーが率先垂範する。

人は易きに流れる。これはやむを得ない。だからリーダーはディレクションを示すことが大切。命令として明確に伝えること。そして頑張ったらちゃんと報酬で報いること。これを香港三越にいるときに学んだよ。

定年退職者の食事会を以前はやっていたが、その時によく言われた。「最後に本体(三越)に戻れて良かった」「日本橋のお得意様営業部で定年を迎えられて幸せだった」それだけ、やりがいのある店舗だし、部門だったと思う。

鈴木：私も何度か聞いたことがあります。「お得意様営業部は本当に大変だったけど、やりがいがある職場だった。みんなありがとう」退職する時にベテランの方々は言うんですよ。

最後に座右の銘を教えてください。

平出：私の座右の銘は、リーダーの条件とは「リーダーの三見力」と「ＯＮＥ ＴＯ ＯＮＥの三位一体」。

「リーダーの三見力」とは、

◆過去を十二分に見極める
◆現実を厳しく見据える
◆将来を正しく見通す

この３つの力が備わっていない人はリーダーになってはいけない。

そして、「ＯＮＥ ＴＯ ＯＮＥの三位一体」とは、

◆マーケティング

◆コミュニケーション、ミーティング……コミュニケーションはＯＮＥ ＴＯ ＯＮＥに限る。ミーティングも必要だし、朝礼も必要だけれども、コミュニケーションが大切

◆ディレクション、アクション

これを三位一体で推進しないと、全てのことは実現できない。

今年、現役を離れてからちょうど10年になる。百貨店協会の常務理事の時代に全国の社長を前に来たる10年の予想となすべき事を『ビジョン』として提唱した。今読み返すと、今こそやらなければならないことが大半であり、提唱はしたものの、何一つ完成していないことが残念だ。そんな中で、今回「三越におけるＯＮＥ ＴＯ ＯＮＥマーケティング」を文書としてまとめることは嬉しい限りだ。

百貨店とは何か？　私にとって百貨店とは「楽しい（ところ・とき・とも）百貨店」。「楽しいところ」とは売場のこと。伊勢丹は「お買場」と言った。私は「お過ごし場」と言った。売ったり買ったり、じゃないだろう。お客様にお過ごし頂く場である。「楽しいとき」は、その昔は“One Stop Shopping”と言われ、滞留時間も延ばそうといろいろやってきたが、私としては買物をするだけでなく、店舗を「文化・教養・娯楽の殿堂」の場所にしたかった。「楽しいとも」とは、お客様のこと。従業員

とお客様は、関係性を深めて「優良顧客」となり、「次世代顧客」へつなげ、「生涯顧客（Life Time Customer）」になる。そのために従業員は“Life Time Adviser”にならなければならない、こう言ってきた。

今は百貨店も大きく3つに分かれていると思う。

1　オーセンティック　デパートメントストア……三越本店・伊勢丹本店・髙島屋本店
2　ゼネラル　デパートメントストア……地方の地域一番店
3　テナント　デパートメントストア……不動産業

年々、「テナント　デパートメントストア」が増えている。そのため、今回の「三越におけるONE TO ONEマーケティング」と私の『ビジョン』は残念ながら、極めて小さなシェアしか持たない「オーセンティック　デパートメントストア」の……それも一部のスタッフにしか理解できないかもしれない。しかし、この文書は日比翁助の『小僧読本』とともに後世に残るものだ。

「顧客第一主義」と経営者は言うが、「〇〇ファースト」等、掛け声ばかりで何のビジョンもディレクションもなく、本気のリーダーもほとんどいない我々の業界で、この本に触れて、実際に行動を起こし、百貨店の再興ができる日が来ることを祈っている。

仕事とはトップが仕組みを作り、ミドルが仕掛けを作って初めてボトムが仕事に専念できるんだよ。

２０１８年9月6日　鎌倉・華正楼にて

13　日本橋三越お得意様営業部業績推移（1999-2012年度）

お得意様営業部の業績について、㈱三越伊勢丹における個人営業部門の統合までをまとめて記載した。２０１３年度以降は業績の基準が変更になったため割愛する。

２００７年度までは年３月〜翌年２月。伊勢丹との経営統合に伴う決算期の変更によって08年度は08年３月〜09年３月の13ヶ月間の業績。09年度以降は４月〜翌３月まで。データは鈴木集計による（表１）。

表１　日本橋三越お得意様営業部業績推移（1999－2012年度）

単位：（千円）

年度	1999（平成10）	2000（平成11）	2001（平成13）	2002（平成14）	2003（平成15）
口座売上	21,594,000	37,900,000	37,917,027	39,002,815	39,266,074
貢献売上	8,904,000	14,267,000	18,789,928	23,241,412	26,091,088
特招会売上	3,182,546	6,005,726	9,131,545	10,751,646	13,926,679

	2004（平成16）	2005（平成17）	2006（平成18）	2007（平成19）	2008（平成20）
口座売上	41,899,068	45,344,078	45,695,438	46,831,430	44,355,562
貢献売上	31,179,114	34,246,131	35,989,117	36,916,819	34,266,436
特招会売上	15,928,069	17,897,750	18,370,321	20,829,485	18,178,453

	2009（平成21）	2010（平成22）	2011（平成23）	2012（平成24）
口座売上	36,554,276	35,657,080	35,381,202	35,672,366
貢献売上	20,039,378	17,602,944	20,073,257	21,813,110
特招会売上	14,718,278	11,105,333	10,862,713	9,977,380

※口座売上は日本橋三越における業績。

最後に

「帳場制度の歴史とお得意様営業の働き方を、整理しておかなければならない」と思ったのは2015年だったでしょうか。エムアイカードの優待制度についてポイント制度への変更を検討することになった頃です。当時スタッフ部門にいた私は「扱者制度を伴う帳場制度にはポイント制度はそぐわない」とお得意様営業の主張をまとめていました。その当時の経営は「ポイント制度を導入することで、百貨店事業以外のグループ内の買い回りが促進され、グループの業績向上が図られる」と説明していました。しかし、お客様はチャネルを使い分けており、購入するアイテムによって最も利便性が高いところを選択するのですから、そんなことはあり得ないのです。

顧客の視点から考えた時に、違和感のある施策にぶつかることが徐々に多くなってきました。一方、帳場制度の歴史や㈱三越時代のお得意様営業の働き方を理解しているベテランの皆さんが次々と退職される中で、「今まとめておかないと、情報が散逸してしまう」との危機感が強くなりました。いろいろ考えましたが、2018年3月末退職。同4月よりマーケティングを本格的に学ぶ機会を得て、過去の資料を探し、手書きの議事録をめくり……まさしく悪戦苦闘でしたが、なんとか一定の整理ができたと思います。

本書はこれまでの経験を踏まえて私の責任でまとめたものです。お得意様営業部在籍中は、ともに働く仲間に支えられてきました。この場をお借りして御礼を申し上げます。ありがとうございます。

「構造改革」ばかりにスポットライトが当たる中で、三越の〝強み〟であるONE TO ONEマーケティングの意義が再認識され、競争戦略の柱となる日が来ることを祈っています。

さて、「顧客戦略の立案・実践」というとどうしてもITコンサルティングに相談する企業が多いようなのですが、残念ながら成功事例は少ないようです。IT化すると仕事の効率は上がるかもしれません。でも、仕事の効率化は顧客育成や売上拡大を約束するものなのでしょうか。まずは、アナログで実践して、成功することのメドが立った「仕事の進め方」にITを活用する。このやり方こそ成功への近道だと考えます。

本格的な顧客戦略を立案・実践すれば、生活のあらゆる場面でお役に立つ機会を持つ百貨店ではお客様の支持を高め、売上高を伸ばすことができると確信します。

また、こうした考え方は百貨店以外の流通小売業にも取り入れることは可能だと思います。「お得意様」を育成することが、業績の拡大、企業の成長に必要であることは同じだからです。

本書を契機に、顧客戦略に関心を持って頂く方が一人でも増えて頂ければ幸いです。

2018年9月

鈴木一正

〈追記〉

本書をまとめるにあたって、諸先輩からのアドバイスを多数頂戴しました。その中にあった次の言葉が印象に残っているので最後に引用させてください。


「顧客を囲い込む」という言葉をよく聞くが、ものの譬えとしても適切とは思えない。

自分が顧客になってみれば、当たり前のことだ。

企業は花になって、美しく咲き、甘い蜜を出し続けることだ。

そうすれば蝶たる顧客が、自らの好きな時に、時々蜜を吸いにやってきて下さる。

顧客は柵をつくっても囲い込むことはできない。

我々は柵ではなく、旗を立てるべきだ。その旗の魅力のもと、集まって下さった顧客とつながる。

それもゆるやかに。あくまでも顧客の求める時に、ゆるやかなつながりを。

顧客は〝囲われたくない〟〝売り込まれたくない〟。

顧客に〝つながりたい〟〝買ってあげたい〟と思っていただけるよう、

知識と創造力をもってお客様の気持ちをおもんぱかる努力をつづけよう。

K・T

《参考資料》

●日比翁助編『花衣　三井呉服店案内』（三井呉服店　1899年1月）
●日比翁助編『時好』（三井呉服店　1903年8月～1908年5月）
●『三越』（三越呉服店　1911年3月～1933年4月）
●日比翁助著『商売繁昌の秘訣』（大学館　1915年3月）
●池田藤四郎著「新経営策　百貨店の変則経営㈠」『経済雑誌ダイヤモンド』（ダイヤモンド社　1927年6月21日）
●北田内蔵司著『百貨店と連鎖店』（誠文堂　1931年11月）
●小田久太郎著『商心遍路』（実業之日本社　1932年1月）
●小松徹三編『日本百貨店総覧第一巻　三越』（百貨店商報社　1933年11月）
●土屋好重著『アテネ文庫134　百貨店』（弘文堂　1950年9月）
●星野小次郎著『日比翁助』（創文社　1951年5月）
●土屋好重著『百貨店』（新紀元社　1955年9月）
●松田慎三・坂倉芳明著『〈日本の産業〉シリーズ7　百貨店』（有斐閣　1960年3月）
●針木康雄著『三越商法とダイエー商法』（日本実業出版社　1972年11月）

●高橋潤二郎著『三越三百年の経営戦略　その時経営者は何を決断したか』（サンケイ新聞社出版局　１９７２年11月）
●日本経済新聞社編「松田伊三雄」『私の履歴書　経済人14』（日本経済新聞社　１９８０年12月）
●日経流通新聞編『ドキュメント社長解任』（日本経済新聞社　１９８２年11月）
●「市原晃社長の孤独なる闘争」『週刊東洋経済』（東洋経済新報社　１９８５年２月９日）
●吉田貞雄著『三越の革新―「拡百貨店」への戦略―』（ダイヤモンド社　１９８６年９月）
●青野豊作著『「三越小僧読本」の知恵』（講談社　１９８８年６月）
●梅本浩志著『三越物語――劇的百貨店、その危機と再生』（ティビーエス・ブリタニカ　１９８８年７月）
●「三越、個人向け外商で攻勢――本店に専門部隊、自社カードの加入促進も。」『日本経済新聞』（１９９１年11月25日）
●三越労働組合編「セールスマネジャーの指揮のもと、真の意味での顧客第一主義を実践していこう。」『ＨＩＹＡＫＵ　№.３２８』（１９９７年２月15日）
●『本店　帳場扱者読本～平成御客様第一主義の完成をめざして～』（日本橋三越　１９９８年２月）
●「中長期経営計画アクションプログラム実施策」『三越タイムズ VOL. 246』（三越　１９９９

年2月18日）
●三越広報室編「来年度から　新・顧客制度がスタート」『三越タイムズ VOL. 247』（三越　1999年2月27日）
●「お帳場のお客様への対応が変わりました」『KINJITO No.271』（三越　1999年7月）
●『日本橋三越本店お帳場通信』（三越　1999年11月）
●「特集2　クローズアップ日本橋本店お得意様営業部」『KINJITO No.275』（三越　2000年7月）
●「三越　人から組織へ仕組みを変え　伝統の『お帳場』営業を伸ばす」『週刊東洋経済』（東洋経済新報社　2001年4月14日）
●「三越、お帳場に決別――個人プレーに限界、日本橋本店に専門部隊。」『日経産業新聞』（2001年6月13日）
●「百貨店各社が争奪戦　上得意客」『日本経済新聞』（2002年4月27日）
●「特集　不況でもいきなり売れ出す！『非常識』マーケティング　営業部隊ケース④三越お得意様営業部『お帳場』制度を見直し　全社横断的に上得意客にアプローチ」『ビジネススタンダード』（ソフトバンクパブリッシング　2003年6月）
●「集客とワンツーワンに徹する　三越のお得意様営業部」『デパートニューズ』（ストアー

ズ社　２００３年8月6日号）
●「営業力重視から関係性重視へ　得意客の売り上げを一気に拡大」『月刊アイ・エム・プレス』（アイ・エム・プレス　２００３年９月）
●「私のビジネステク　心をつかむ　三越お得意様営業部部長　川村雄太郎さん」『日本経済新聞（夕刊）』（２００３年９月27日、10月４日、10月11日、10月18日、10月25日）
●㈱三越本社編『株式会社三越１００年の記録』（三越　２００５年５月）
●「三越日本橋本店、新規顧客獲得へ接客磨く――研修刷新、売り場責任者２割増。」『日経ＭＪ』（２００８年11月５日）
●三越伊勢丹ＨＤＳコーポレートコミュニケーショングループ編「２０１０年４月新『三越お帳場カード』誕生　お客様とのつながりを強化」『三越タイムズ VOL. 498』（三越伊勢丹ＨＤＳ　２００９年５月30日）
●三越労働組合編『ＵＭ ＮＥＷＳ №60　三越労働組合解散記念　１９９１年－２０１０年「変わるものと変わらざるもの」～三越伊勢丹グループ労組への飛翔と継承～』（三越労働組合　２０１０年８月）
●三井文庫編『史料が語る　三井のあゆみ――越後屋から三井財閥――』（吉川弘文館　２０１５年４月）

以上

鈴木　一正（すずき　かずまさ）

1990年３月慶應義塾大学経済学部卒業。

1990年４月㈱三越入社。1994年９月より三越労働組合専従。人事・賃金制度の設計、労働時間管理の適正化や福利厚生諸制度の改善等に取り組むことに加え、経営諸施策に対して組合員の声を踏まえた意見・提言をおこなう。三越労働組合最後の中央執行委員長として㈱伊勢丹との経営統合に伴う労働条件諸制度の見直し等に対応する。2010年６月退任。

2010年８月より㈱三越伊勢丹 三越日本橋本店 お得意様営業部（個人営業部門）のマネジャーとして、営業未経験メンバーのチームを率いてお買上が伸び悩むお客様との関係づくりを実践し、部門トップの業績拡大を実現する。2014年より企画担当リーダーとなり、このノウハウをマニュアル化、部門全体の営業改革に取り組んできた。

現在、お得意様育成事務所スズセイ代表。

E-mail: ksuzuki@office-suzusei.jp

「タンスの中まで知る」伝説の ONE TO ONEマーケティング

〜 日本橋三越における帳場制度とお得意様営業 〜

2018年11月21日　初版第1刷発行

著　者　鈴 木 一 正

発行者　中 田 典 昭

発行所　東京図書出版

発売元　株式会社 リフレ出版

〒113-0021　東京都文京区本駒込 3-10-4

電話 (03)3823-9171　FAX 0120-41-8080

印　刷　株式会社 ブレイン

ISBN978-4-86641-197-2 C0034

Printed in Japan 2018

落丁・乱丁はお取替えいたします。

ご意見、ご感想をお寄せ下さい。

[宛先] 〒113-0021　東京都文京区本駒込 3-10-4

東京図書出版

「氣」の道場

一流経営者やリーダーはなぜ「氣」を学ぶのか

藤平信一
SHINICHI TOHEI
◉心身統一合氣道会 会長

ワニブックス|PLUS|新書